KB037594

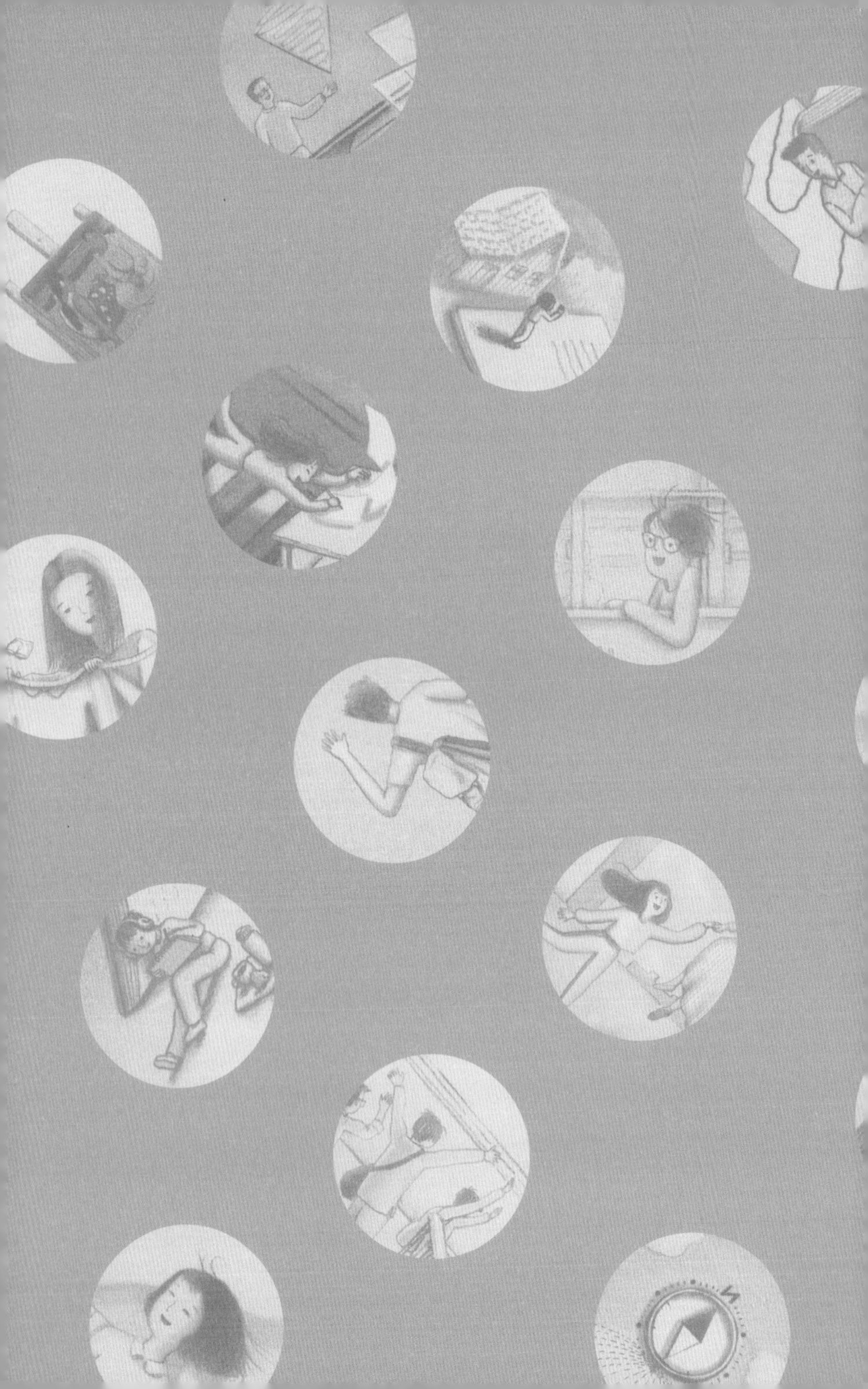

갭이어 좀 아는 10대

진로
쫌 아는
십 대
01

박승오 글 | 하수정 그림

풀빛

내 안의 목소리에 귀 기울이는 시간

안녕? 나는 승오 삼촌이라고 해. 가족도 아닌데 '삼촌'이라 부르니 좀 어색하지? 그렇게 소개하는 이유는 실제로 네 삼촌뻘의 나이이기도 하고, '선생님'보다는 더 친근한 호칭 같아서. 내가 어렸을 때 아빠에겐 마음의 이야기를 하기가 조금 불편했지만, 막내 삼촌은 편해서 가끔 찾아가 고민을 말씀드리곤 했었어. 나도 네게 그런 사람이었으면 좋겠다.

삼촌은 좀 특이한 이력을 가졌어. 타이틀만 보면 꽤 괜찮은 학력을 가졌지. 과학고등학교에서 2년 만에 KAIST로 진학해서 대학원까지 나왔으니까. 그때까지만 해도 나는 뚜렷한 목표를 가지고 있었고, 앞으로 잘 가고 있다고 생각했어. 그러다 대학교 4학년 때 겪은 일 때문에 진로가 완전히 달라졌어. 고속버스를 타고 잠이 들었다가 휴게소에서 내리려고 눈을 뜨려는데 눈곱이 굳어서 잘 안 떠지는 거야. 그래서 눈을 비볐지. 근데 눈이 너무 따가운 거야. 천천히 더듬어 보니 손가락 끝에 촉촉한 각막이 느껴지더라. 눈이 떠지지 않는 거라 생각했는데 눈이 보이지 않게 된 거였어. 삼촌은 3일 동안 실명했었지.

병원을 여러 군데 다녔는데 의사들이 모두 '곧 시력을 잃게 될 것'이라고 판정했어. 녹내장이라는 병이었는데 심각한 수준이었지. 무리해서 밤샘 공부를 하다가 빨갛게 충혈된 눈에 자꾸 안약을 넣은 것이 문제였어. 그때 삼촌은 KAIST에서 이틀에 한 번만 잠을 자면서 독하게 공부했었거든. 치료 덕분에 겨우 볼 수 있게 되었지만 뿌연 시야 속에서 몇 년간 좌절하고 방황했지.

도대체 왜 이런 일이 일어난 걸까, 많이 생각했었어. 나중에 깨달았는데, 어린 시절부터 천재 같았던 형에 대한 경쟁심 때문에 무리해서 공부했던 게 이유였지. 형을 쫓아 KAIST에 입학한 기쁨도 잠시, 나는 똑똑한 친구들 사이에서 살아남기 위해 두 배로 노력해야 했어. 그래서 이틀에 한 번만 잠을 잤던 거야.

실명의 원인이 형을 흉내 내려고 했기 때문이라는 걸 알게 된 후에 삼촌은 1년간 학교를 쉬고 내가 어떤 사람인지 알아보기 위해 여행을 떠났어. 캐나다에서 6개월, 태국에서 6개월간 보내며 많은 사람을 만났고, 책을 읽고, 일기를 썼지. 그 1년이 삼촌에게는 무척 소중한 시간이야. 태어나서 처음으로 책을 읽는 게 얼마나 재미있는지 알게 되었고, 존경하는 스승도 만났고, 작가가 되겠다는 꿈을 가지게 되었으니까.

어느 날 내 안에서 나즈막한 목소리가 들렸어. "깨달음을 얻고 다른 사람과 나누는 인생을 살자." 이 말을 듣는 순간 삼촌이 살고 싶은 인생이 그런 인생이라는 걸 알게 되었지. 그래서 공대생이었던 삼촌은 글을 쓰고 강의하는 직업으로 방향을 바

꿨고, 지금 아주 만족하면서 살고 있어. 1년 동안 학업을 쉬면서 자유를 주었기 때문에 가능한 일이었다고 생각해.

이 책에서 나는 네게 파격적인 제안을 할 거야. 삼촌처럼 1년간 학교를 쉬면서 하고 싶은 일을 마음껏 해 보라고. 네 안에서 울리는 목소리를 가만히 들어 보는 시간을 가지라고 말이야. 어때, 좀 황당하니? 어쩌면 너는 그렇게 하면 안 되는 이유를 벌써부터 찾고 있을지도 모르겠다. 그렇지만 너무 겁먹지 마. 이미 너와 비슷한 또래의 많은 친구들이 그런 시간을 가졌고, 이후로 아주 행복하게 지내고 있으니까. 영국이나 덴마크, 아일랜드 같은 나라에서는 그런 1년의 공백기, 즉 '갭이어(Gap Year)'를 장려하기도 해. 물론 우리나라에도 그런 갭이어 문화가 점차 확

산되고 있어.

이 책에서 실제로 갭이어를 보낸 우리나라의 청소년들의 이야기를 들려줄 거야. 삼촌이 직접 이야기를 들어 보니 그 친구들 모두 처음엔 많이 망설였고 두려웠다고 하더라. 그런데 갭이어를 마친 지금은 자기 인생에서 가장 빛나는 시간이었다고, 이후로 많은 것이 달라졌다고 고백해. 그러니까 너무 걱정하지 말고 일단 친구들의 이야기를 들어 보자. 친구들의 이야기를 통해 갭이어가 실제로 어떤 생활일지 가늠해 볼 수 있을 거야.

또한 역사적으로 갭이어를 통해 인생이 달라진 인물들의 이야기도 들려줄 거야. 무척 평범했던 젊은이였는데 갭이어 이후로 비범해진 유명인들의 이야기야. 삼촌은 오랫동안 이런 사람들을 연구했는데 독서, 글쓰기, 여행, 취미 활동, 스승과의 만남, 공동체 생활 등 몇 가지의 활동으로 갭이어를 보냈다는 것을 알게 되었어. 그들이 무엇을 하며 보냈는지를 보면서 너의 갭이어 모습도 상상해 보았으면 좋겠구나. 참고로 2장은 순서대로 정독해서 다 읽지 않아도 괜찮아. 여섯 가지 활동 중에서 네가 관심 있는 주제들부터 먼저 골라서 보렴.

옛날의 스승들은 공부를 '마음속에 밭을 일군다'고 말씀하셨어. 밭을 기름진 땅으로 잘 일구려면 거름이 필요한데, 거름은 크게 금비(金肥)와 퇴비(堆肥)로 나눌 수 있지. 금비는 돈을 주고 사서 쓰는 화학 비료이고, 퇴비는 풀이나 낙엽, 동물의 배설물 등을 모아서 썩힌 거야. 금비는 퇴비에 비해 농작물을 빨리 자라게 하지만 흙을 산성화시켜 땅의 기운을 떨어뜨려. 반대로, 퇴비는 만드는 데 손이 많이 가고 시간이 오래 걸리지만 사용할수록 흙의 질을 좋게 해서 땅을 살리지.

갭이어는 퇴비를 만드는 시기야. 지금까지 뿌려 왔던 화학 비료를 잠시 멈추고, 낙엽과 배설물을 손수 모아 발효시켜 두엄을 만드는 시간이지. 속도도 느리고 효율도 낮지만 땅을 살려서 건강한 작물이 자라나게 해. 경쟁과 속도에서 잠시 물러나 자기 자신을 바라보는 시간을 가져보면 어떨까? 무슨 직업을 가질지 고민하기 전에, 먼저 내가 누구인지 고민하고 실험해 보는 시간을 가져보는 것은 살아가는 데 큰 힘이 될 거야.

이 책이 네 인생을 풍성하게 만드는 퇴비가 되길 진심으로 바랄게.

2021년, 승오 삼촌이

차례

프롤로그 내 안의 목소리에 귀 기울이는 시간 4

1장 갭이어, 왜 필요할까? 12

1 갭이어(Gap Year)란 무엇일까? 14

도끼질을 멈추고 날을 가는 시간 16 여러 나라의 언스쿨링 프로그램 20

2 자기 직업에 만족하는 어른은 몇 명이나 될까? 26

진로 탐색의 시작점은 '나' 28 한 우물만 파라고? 진짜로? 34

3 꼭 학교를 그만둬야 하나요? 36

꼭 학교를 그만둬야 하나요? 38 동생들과 학교를 다녀야 할 텐데, 괜찮을까요? 39 게을러질까 봐 두려워요 40 혼자 뒤처질 것 같아서 두려워요 42 부모님께서 반대하시면 어떡하죠? 45

4 자기 안으로 모험을 떠난 사람들 48

미로와 미궁은 다르다 50 잠시 멈추고 '나'를 탐험했던 사람들 56

2장 어떻게 갭이어를 보낼까? 60

1 독서_ 깊은 질문으로 나를 들여다본다 62

조지프 캠벨, 오두막에서 마음껏 읽다 69 삶을 바꾸는 책과의 만남 72 독서를 방해하는 3대 훼방꾼 76 열린 질문으로 나를 들여다보다 78 좋은 책을 고르려면 81

2 글쓰기_내 인생의 작가는 오직 나 84

빅터 프랭클, 수용소에서 책을 쓰며 살아남다 **90** 일기, 자신과 대화 나누기 **93** 10대에 자서전을 써 보자 **97** 미래 일기, 내가 보고 싶은 열 가지 장면 그리기 **101**

3 여행_여행 전과 여행 후의 나는 같지 않다 104

조셉 자보르스키, 여행을 통해 동시성에 눈뜨다 **111** '나'를 찾아가는 순례 **114** '동시성'을 따라가는 여행 **116** 갭이어 여행을 위한 다섯 가지 팁 **118**

4 취미_하나에 몰입해서 나를 새롭게 창조한다 122

폴 고갱, 그림으로 인생을 새롭게 창조하다 **128** 취미가 주는 몰입, 희열감 **131** 평생 취미를 갖는다는 것 **135** 순수하게 '좋아하는 것' **138**

5 스승_인생이 바뀌는 한 사람과의 만남 140

워런 버핏, 자신의 영웅을 찾아가서 배우다 **146** 사람은 사람을 통해 바뀐다 **149** 인연을 마냥 기다리지 말자 **152** 스승을 직접 만날 수 없다면? **156**

6 공동체_'우리'는 '나'보다 현명하다 158

벤저민 프랭클린, 공동체에서 가능성을 실험하다 **165** 공동체가 주는 깊은 위안감 **168** 공동체의 핵심, 다양성과 토론 **171** 공동체를 직접 만들어 보자 **174**

에필로그 행복한 갭이어를 위한 세 가지 마음가짐 **177**

1장

갭이어, 왜 필요할까?

1

갭이어(Gap Year)란 무엇일까?

*

소중한 청소년 시절은 누구에게나 단 한 번뿐이야.
삼촌은 그 시절이 얼마나 빛나고 잠재력으로 충만했는지 깨닫고 있어.
빛나는 시절에 미래를 담보로 현재를 희생해서는 안 된다고 생각해.
이럴 때 한번 멈추고 자신을 돌아보는 건 어떨까?

보바라는 이름의 나무꾼이 있었어. 힘이 장사인 데다가 도끼질 기술이 뛰어나서 마을에서 그보다 많은 나무를 베는 사람은 없었지. 그러던 어느 날, 다른 마을에서 나무꾼이 이사를 왔어. 재천이라는 사람인데 그 역시 무척 힘이 좋아서 금세 많은 나무를 베었지. 언제부턴가 사람들은 보바와 재천 중에 누가 더 많은 나무를 베는지 내기하기 시작했어.

승부욕이 강했던 보바는 경쟁에서 이기려고 아침 일찍 나와서 저녁 늦게까지 일했지. 반면 재천은 해가 중천에 떴을 때 나와서 네댓 시간 쉬엄쉬엄 일했을 뿐인데도 언제나 보바보다 많은 나무를 베었어. 자존심이 상한 보바는 깜깜한 새벽에 나와서 점심 식사까지 거르며 일했지만 그래도 역부족이었지. 그러던 어느 날 보바는 동료에게 이상한 이야기를 듣게 되었어.

"재천이 아무래도 수상해. 집에 가기 전에 몰래 동굴 깊은 곳으로 들어갔다 한참 후에 나온대. 이상한 노래를 부르면서 말이야. 아무래도 재천이 귀신에게 도움을 받는 것 같아."

다음 날 보바는 몰래 재천의 뒤를 밟았지. 정말로 재천이 깊숙한 동굴에서 나오지 뭐야. 그는 동굴의 제일 안쪽 물이 고인 곳까지 들어가더니 환하게 촛불을 켰어. 그리고 바닥이 평평한 바위에 무릎을 꿇고 앉아 잠시 기도하고는 이내 소름 돋는 소리를 내기 시작했어. 싸악, 쓰윽, 싸악, 쓰윽…. 재천은 동굴에서 도끼 날을 날카롭게 갈고 있었어. 즐거운 듯 콧노래를 흥얼거리면서!

도끼질을 멈추고 날을 가는 시간

도끼로 나무를 베어 본 적 있니? 삼촌은 집 마당에 있는 나무를 몇 번 베어 보았는데 너무 힘들어서 깜짝 놀랐어. 도끼 날이 자꾸 튕겨서 손이 아픈데다가, 나무에 한번 박히면 날을 빼기도 힘들어서 시작한 지 30분 만에 금방 나가떨어졌지. 보다 못한 이웃이 숫돌을 가져와서 빌려주더라. 도끼날을 갈고 나자 훨씬 수월하게 나무가 베어졌어. 처음 알았어. 날을 가는 게 얼마나 중요한지 말이야. 그런데 날을 갈기 위해선, 먼저 하고 있던 도끼질을 멈춰야 해.

"난 도끼질하느라 너무 바빠서 도끼날을 갈 시간이 없어." 이렇게 말하는 나무꾼만큼 바보가 또 있을까? 이야기 속의 두 나무꾼 이름이 거꾸로 했을 때 '바보'와 '천재'인 이유야.

공부도 마찬가지야. "난 공부하느라 너무 바빠서 나를 돌아볼 시간이 없어"라는 말은 어떨까? 쉼이 없는 학업은 무딘 도끼로 나무를 찍는 것과 같아. 하면 할수록 고통스럽고 성적은 그만큼 오르지도 않지. 심하게 자신을 몰아붙여서 우울감에 젖거나, 완전히 방전되어서 회복하려면 많은 시간이 필요할지도 몰라. 도끼날을 갈지 않아 힘들어지면 도끼질을 싫어하게 되겠지? 공부도 그래. 학업(學業)이라는 말은 공부(學)를 일(業)처럼 재미없게 한다는 의미를 품고 있는데, 학업 스트레스 때문에 힘들어하는 청소년들이 정말 많아.

OECD 회원국 중에 청소년들의 삶의 만족도가 가장 낮은 나라가 우리나라야. 청소년 자살률이 가장 높은 나라이기도 하고. 왜 이럴까? 무엇보다도 '쉼'이 부족하기 때문이라 생각해. 실제로 우리나라 고등학생들이 학교에서 머무는 시간은 12시간으로, OECD 국가 중 최고 수준이지. 반면에 수면 시간은? 평균 5시간 27분. 성장기에 필요한 수면 시간보다 훨씬 부족해. 피곤하니 무기력하고 불행하다고 느낄 수밖에.

그런데 말이야, 사실 쉰다는 것은 잠을 충분히 자는 것만을 의미하진 않아. 휴식이 공부의 반대의 의미지도 않고. 취미 활동이나 여행, 독서, 글쓰기 같은 내가 좋아하는 일에 흠뻑 빠져 몰입했을 때의 기쁨을 떠올려 봐. 그때는 오히려 에너지가 충전되지. 진정한 휴식은 도끼날을 가는 것과 같아. 하던 일을 잠시 멈추고 새로운 환경에서 콧노래를 부르며 좋아하는 무언가를 해 보는 거야. 짧게 혼자서 여행을 간다거나, 읽고 싶었던 책에 푹 빠져서 지내거나, 해 보고 싶었던 것을 새롭게 도전하면 에너지도 충전되고 창의력도 좋아지지.

그러니까 학교에서 공부하는(스쿨링) 것만큼이나 학교를 벗어나 다른 경험을 쌓는 '언스쿨링(unschooling)'은 정말 중요하다고 볼 수 있어. '교육=학교 다니기'라는 틀을 깨고 과감하게 1~2년 학교 밖에서 배우는 모험을 해 보는 거야. 도끼날을 갈고 나서 다시 학교로 돌아오면 어떨 것 같아? 이게 황당하고 비현실적인 이야기일까?

여러 나라의 언스쿨링 프로그램

실제로 세계의 여러 나라에는 이런 언스쿨링 제도들이 있어. 대표적으로는 덴마크의 에프터스콜레(Efterschole), 아일랜드의 전환학년제(Transition Year), 영국의 갭이어(Gap Year) 등이 있지. 조금씩 차이는 있지만 기본적으로 학교 다니는 걸 멈추고 1년 동안 여행, 글쓰기, 취미, 진로 탐색 등을 하면서 학교에서는 배울 수 없는 의미 있는 경험을 할 수 있게 도와주는 교육 프로그램이야. 무엇보다도 청소년기는 자기 정체성을 확립하는 시기이기 때문에, 입시 위주의 교육에서는 내가 누군지를 생각할 여유조차 없는 학생들에게 스스로 자신을 돌아볼 수 있는 시간을 주는 거지.

덴마크의 에프터스콜레는 우리나라의 '방과 후 학교'처럼 들리지만, 사실은 전혀 다른 개념이야. 에프터스콜레는 독립된 특수학교이고, 덴마크에 약 260개가 있어. 굉장히 많은 숫자지. 음악, 체육, 수공예, 생태 등에 특화된 전문학교인데 모든 학교에 기숙사가 있어서 부모님에게서 독립해 1년을 생활하게 돼. 14~18세의 청소년이면 누구나 본인이 원할 때 선택해서 1~2년간 에프터스콜레를 마친 후 학교로 다시 돌아갈 수 있어. 이 기간 동안 학생들은 본인이 하고 싶은 활동들을 마음껏 할 수 있고, 여행·봉사·공동체 활동 등을 하면서 자신의 진로를 탐색하게 돼. 그래서일까? OECD 회원국 중 자신의 직업에 대한 만족도가 가장 높은 나라가 바로 덴마크야.

아일랜드는 조금 달라. 아일랜드는 우리나라처럼 교육열이 높고 오로지 시험 점수에 의해 대학이 결정되기 때문에 학생들이 치열하게 경쟁하지. 그러다 보니 청소년들의 스트레스가 높아졌고, 처음에는 청소년들의 숨통을 틔워 줄 대책으로 전환학년제를 시행했어. 아일랜드 학생들은 중학교를 마치면 자신의 선택에 따라 1년간의 전환학년제를 경험할 수 있지. 그 기간 동안에는 시험을 보거나 성적을 매기지 않고, 여러 가지 체험 활동들을 하게 돼. 가장 큰 특징은 1주일에 3회 직업 체험을 선택해서 해 볼 수 있다는 거야. 관심 있는 직업을 가진 사람 옆에서 도우며 그 직업을 경험하게 되지. 자연스럽게 세상과 직업에 대한 이해를 넓히고 사회성도 발달되고. 전환학년제는 아일랜드 학생의 70% 정도가 이 프로그램에 참여할 정도로 만족도가 매우 높은 제도야.

영국의 갭이어는 제도라기보다는 사회적인 운동에 가까워. 참여하는 사람도 고등학생부터 대학생까지 폭이 넓고 매년 약 25만 명 정도가 참여한다고 하니 엄청난 규모지. 갭이어의 유래는 17~19세기 영국 상류층의 청년들 사이에서 유행한 '그랜드 투어'에서 비롯되었다고 추정해. 그랜드 투어는 고대 그리스 로마 유적지 등을 돌아보며 소양과 경험을 쌓는 활동이었어. 그래서 다른 프로그램에 비해 여행을 더 강조하는 편이고, 학생들의 독립성·성숙·자신감 등을 중요하게 여기지.

갭이어를 선택하는 학생들은 아르바이트 등을 해서 스스로 돈을 모으고, 갭이어 기간 동안에도 가능한 한 본인이 스스로 벌어서 생활비를 충당해. 영국의 갭이어는 이후에 미국, 캐나다, 호주, 일본 등으로 퍼졌고, 미국의 프린스턴 대학교는 신입생이 입학 전에 해외의 현지 가정에서 생활하며 여행하는 무료 프로그램도 지원해 주고 있어.

어때? 생각보다 많은 나라가 등교를 멈추고 다양한 경험을 해 보라고 권하지? 청소년기에는 그만큼 자신을 돌아보는 여백의 시간이 중요하다는 뜻이 아닐까? 실제로 언스쿨링을 경험한 청소년들은 그 시간이 자신의 인생에서 큰 전환점이 되었다고 고백해.

그거 아니? 고대에는 학교가 쉼과 여가를 위한 장소였다는 것을. 스쿨(School)이라는 단어는 그리스어 '스콜레(schole)'에서 비롯되었는데, 이 스콜레의 첫째 의미는 '쉼'과 '여가'야. 또 다른 의미는 '토론'이고. 그러니까 고대 그리스에서 학교는 쉬면서 좋아하는 일을 해 보며 그것에 대해 친구들과 토론하는 공간이었던 셈이야.

또 하나 재밌는 사실은 대학교(university)는 우주처럼 '넓다'는 뜻의 유니버스(universe)에서 비롯되었다는 점이야. 대학은 '물리학'이나 '역사학'처럼 전공 지식이 아니라 매우 폭넓고 다양한 경험을 가르치는 곳이었지. 그러니까 여러 나라의 이런 프로그램들은 본래 '학교'의 취지에 맞게 청소년들에게 쉼과 여가, 다양한 경험을 돌려주자는 교육 운동이야. 이런 프로그램은 사실 우리나라의 '자유학년제' 프로그램과는 좀 달라. 자유학년제 역시 진로 탐색을 위해 마련한 시험 없는 기간이지만, 학교로 등교해야 하고 활동도 제한적이지.

그럼 우리나라에도 에프터스콜레나 갭이어 같은 언스쿨링 프로그램이 있을까? 아직 걸음마 수준이긴 하지만 2015년부터 몇 가지 언스쿨링 프로그램들이 시작되었어. 서울시와 NGO 단체들이 힘을 합쳐 만든 '오디세이 학교'와 한국형 에프터스콜레인 '꿈틀리 인생학교', 스스로 선택한 1년간의 방학을 맞은 청소년 가족들의 모임인 '꽃다운 친구들' 등이 있지. 주목할 만한 것은 이 학교들이 모두 2015~2016년 사이에 만들어졌다는 사실이야. 안산 단원고 학생들이 물에 잠기는 세월호 사건이 일어난 다음 해부터 시작되었던 거야. "가만히 있으라"는 어른들의 말만 믿고 배에 남았다가 참변을 당한 그 사건을 계기로 많은 부모와 선생님들은 '아이가 누려야 할 오늘의 행복을 놓치지 말자'고 생각하고 여러 가지 시도를 하게 된 거지. 시험 점수 몇 점에 울고 웃는 것이 인생에서 얼마나 부질없는 일인지 많은 어른들이 깨닫게 되었다고 생각해.

소중한 청소년 시절은 누구에게나 단 한 번뿐이야. 삼촌은 이제야 그 시절이 얼마나 빛나고 잠재력으로 충만했는지 깨닫고 있어. 그때로 되돌리려고 해도 그럴 수가 없지. 빛나는 시절에 미래를 담보로 현재를 희생해서는 안 된다고 생각해. 또한 자기 정체성과 평생 나아갈 진로를 확립해야 하는 중요한 시기에 책상 앞에서만 있어서는 넓게 조망할 수 없다고 믿어. 도끼질에 지쳐 갈 때 잠시 멈추고 여유롭게 도끼날을 갈면서 새로운 환경에 자신을 놓아 보면 어떠니?

물론 갑작스러운 제안이라 당황스러울 거야. 여러 가지 걱정부터 앞서겠지. '1년 뒤에 학교로 복귀하면 동생들과 다녀야 할 텐데…', '혼자서 지내면 외롭지 않을까?', '나는 마냥 게을러질 거라 절대 안 돼' 하는 걱정과 고민들에 대해서는 이후에 나올 '3. 꼭 학교를 그만둬야 하나요?'에서 차차 이야기해 보자. 지금은 그런 걱정들보다도, 1년 후에 달라져 있을 내 모습을 상상하는 것부터 시작해 보면 좋겠어. 1년간 실컷 놀면서 하고 싶은 경험을 한다면 어떤 좋은 일들이 생길까? 한번 상상해 보렴.

2

자기 직업에 만족하는 어른은 몇 명이나 될까?

*

어른들은 "한 우물만 파라"는 이야기를 자주 하지.
그런데 이 말이 과연 청소년기에 어울리는 이야기일까?
진짜 고민해야 할 건 무슨 직업을 갖느냐가 아니야.
내가 어떤 사람인지를 모른다는 게 고민이지.

전 세계 사람들 가운데 우리나라 어른들은 얼마나 행복을 느낄까? UN에서 발표한 〈2020 세계행복보고서〉에 따르면 대한민국은 OECD 37개국 중 31위야. 최하위권이지. 반면 몇 년 연속 1위를 달리고 있는 것은 다름 아닌 자살률이야. 하루 평균 38명이 스스로 목숨을 끊고 있어. 우리나라 사람들은 왜 불행하다고 느끼는 걸까? 삼촌은 이것이 직업과 무관하지 않다고 생각해. 왜냐고? 하루 24시간 중에 자는 시간 8시간을 제외하면 16시간이 남아. 그중 절반 이상을 우리는 일하면서 보내지. 자신이 하는 일에 만족하지 못한다면 삶이 우울해질 수밖에.

성인들 중에 자신의 일을 좋아하는 사람은 몇 명이나 될까? 삼촌이 여러 통계 자료들을 열심히 찾아봤지만 안타깝게도 일에 대한 선호도 조사는 찾을 수가 없었어. 근무 여건, 고용 안정성, 일/가정생활의 균형, 여성 취업률 등에 대한 통계는 있지만 실제로 그 일 자체를 좋아하는지에 대한 통계는 없더라고. 그만큼 일에 대한 만족도에 우리 사회가 무관심한 셈이지.

진로 탐색의 시작점은 '나'

왜 이런 일이 일어날까? 삼촌은 청소년 시절에 진로 탐색을 충분히 하지 못했기 때문이라고 생각해. 어른들이 자신의 진로를 정할 때 오랫동안 자기 적성과 다양한 직업을 분석해서 체계적으로 찾을 것 같니? 아니야, 보통은 내가 가진 제한적인 정보만 가지고 직업을 결정하지. 그럴 수밖에 없는 것이, 세상에는 너무나 많은 직업이 있으니까 그 모두를 다 아는 것은 불가능해. 그렇다 보니 자연스레 부모님과 교사, 선배 등 주변 사람의 말과 언론을 통해 접하는 직업 정보들에 휘둘리게 돼.

대부분들의 사람들에겐 진로를 찾는 패턴이 있어. 처음엔 무엇(What), 다음엔 어떻게(How), 마지막으로 왜(Why)라는 질문으로 진로를 선택하지. 제일 먼저 무슨 직업(What)을 가질지를 생각해. '나중에 뭐 해서 먹고살지?'라는 질문을 품고 주변 사람들에게 묻기 시작해. 누군가 '앞으로는 변리사가 괜찮다더라'라고 하면 인터넷에서 변리사에 대한 여러 정보를 찾아보고 마음에 들면 후보 직업으로 올리지. 그렇게 다들 번서 후보 직업을 정해. 그러고 난 후에 '그 직업을 가지려면 어떻게(How) 준비해야 하지?' 하고 질문해. 어떤 학교 무슨 학과를 가서, 어떤 자격증을 얻을지 계획하는 거야. 그리고 그 과정을 충실히 밟아. 문제는 열심히 노력해서 자기가 원한 그 직업을 가지게 되었다고 해도 그 일을 좋아하지 않는다는 거지. 직장인들의 '369 증

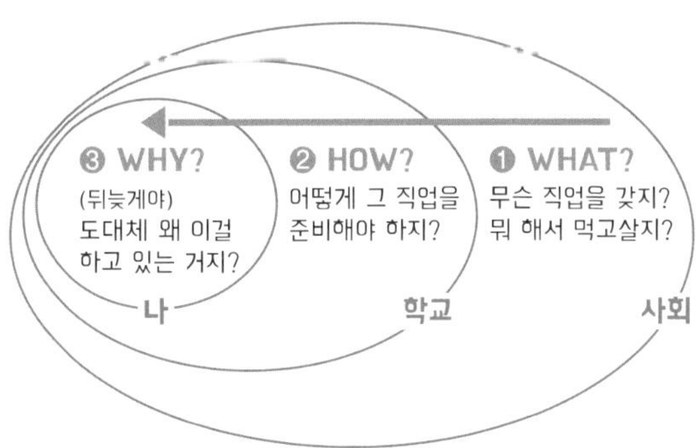

후군'을 들어 본 적 있니? 3개월마다 무기력증과 우울감 때문에 퇴사하고 싶어 하는 증상을 말하는데, 대부분의 직장인이 이걸 주기적으로 경험해. 대부분은 일이 지겹고 힘들기 때문이지. '나와 잘 맞지도 않는 이 일을 내가 도대체 왜(Why) 하고 있는 거지?' 하는 생각에 이르게 되고.

공부를 잘했던 사람들은 다를까? 삼촌은 KAIST에서 토목공학 석사 학위까지 받았는데, 보통 토목공학과를 졸업하면 건축이나 토목 분야에서 일하게 되거든. 그런데 삼촌 동기들 중에는 삼촌처럼 전공과 다른 일을 하는 친구들도 있어. 한번 맞혀 볼래? 삼촌과 함께 KAIST 토목공학과를 석사까지 마친 동기 21명 중에 몇 명이나 건설 관련 일을 하고 있을까?

삼촌이 친구들과 함께 세어 보고 깜짝 놀랐어. 절반도 안 되는 10명만 건설 쪽에서 일하고 있더라. 나머지 11명은 다른 일을 하고 있어. 의사, 치과의사, 한의사부터 경영 컨설턴트, 펀드매니저, 작가, 심지어 방송국 PD도 있어. MBC 예능 프로그램 〈진짜 사나이〉의 메인 PD가 삼촌의 KAIST 토목과 석사 동기야. 이른바 '영재'로 불렸던 친구들이 6년을 넘게 공부한 전공을 버리고 '딴짓'을 하고 있는 거지. 뒤늦게 그 전공이 자신과 잘 맞지 않았다는 걸 알게 된 거야. 통계청의 '2020년 사회조사'에 따르면 우리나라 성인 3명 중 1명만 전공과 관련 있는 직업을 가지고 있어. 몇 년간 대학에 가려고 그렇게 죽어라 공부했는데, 이게 뭐야. 얼마나 큰 국가적 낭비야.

이렇게 많은 사람이 어른이 되어서야 뒤늦게 '내가 왜 이 일을 하고 있는가?'라는 질문에 부딪혀. 이것은 처음부터 직업에 대한 고민이 내면에서 출발하지 않았다는 의미야. 외부에서 주입된 꿈은 열정을 주지 못하니까. '무슨 직업이 좋을까?'가 갖는 맹점은 그 속에 '내'가 없다는 거야. 내가 좋아하는 것, 내가 잘하는 것에 대한 진지한 고민 없이는 그 일을 오랫동안 즐기면서 할 수 없어. 그러니까 우리는 거꾸로 질문해야 해. 'What'에 대해 질문하기 전에 먼저 'Why'에서부터 시작하는 거야.

왜 나는 그 과목에 끌리는지, 왜 그 사람을 존경하는지, 왜 공부하고 일해야 하는지를 묻는 과정에서 '나'라는 사람을 이해하게 돼. 진로 탐색의 고민은 바로 그렇게 "나는 어떤 사람이지?"에서 출발하는 거야. 내가 무엇을 잘하고 좋아하기에 이 일을 해야 하는지 묻는 거지.

나를 좀 알게 되면, 이후에 '내가 이걸 잘하고 좋아하는구

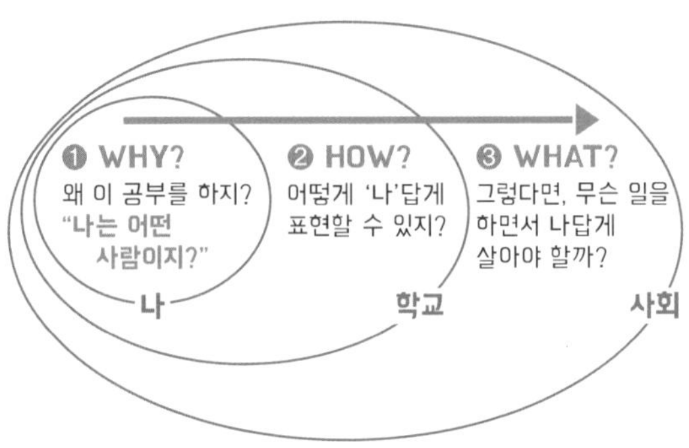

나. 어떻게 그걸 나답게 표현하지?' 하고 질문하는 거야. 그 질문에 대한 대답이 바로 네가 학생일 때 배워야 할 것들이야. 그다음에 '그럼 무슨 일을 하는 게 나한테 어울릴까?'라는 질문으로 직업을 정하는 거야. 진로에 대한 질문은 우선 '나'에 대한 질문에서 시작해서 '직업'에 대한 질문으로 마무리되어야 해.

네가 동경하는 유명한 인물을 한 명 생각해 봐. 아이폰을 만든 스티브 잡스, 축구선수 손흥민, MC 유재석과 강호동 등등 누구라도 좋아. 그 유명인이 누구든 그 사람이 진로를 결정한 과정을 한번 찾아봐. 대부분의 사람이 아마 처음부터 그 직업을 '목표'로 준비하지 않았다는 사실을 알게 될 거야. 그저 그 일이 즐거워서 몰입하다 보니까 어느새 직업이 된 거지. 컴퓨터를 대

Why
How
What

중화했던 빌 게이츠나 스티브 잡스도 단지 컴퓨터가 너무 재미있어서 자기 집 차고에서 밤새 컴퓨터를 가지고 놀다 보니까 학교도 중퇴하게 되고, 어느새 그런 직업을 가지게 된 거지, 처음부터 '내가 컴퓨터를 만들 거야. 그래서 난 차고에서 시작해야지. 대학도 중퇴하고' 하는 식으로 계획하지 않았어.

한 우물만 파라고? 진짜로?

어른들은 "한 우물만 깊이 파라"는 이야기를 자주 하지. 무슨 일이든 10년 이상은 해야 그 분야의 전문가가 되니까. 그런데 이 말이 과연 청소년기에 어울리는 이야기일까? 삼촌은 절대 아니라고 생각해. 왜냐하면 아무 땅이나 깊이만 판다고 해서 물이 콸콸 나오는 건 아니거든.

우물을 깊이 파기 전에 해야 하는 일이 뭘까? 맞아, 수맥을 찾는 일이야. 쇠막대기 같은 걸 들고 다니면서 찾는 걸 TV에서 본 적 있니? 만약 신호가 오면 어떻게 하지? 그 지점을 1~2미터 정도만 파 보는 거야. 그랬는데 마른 땅만 나오고 물이 안 나오면? 다시 신호가 오는 지점을 찾아다니면서 또 파는 거지. 그러다 보면 줄줄 물이 흘러나오는 지점이 있거든. 거길 집중적으로 깊이 파는 거야. 이런 일련의 과정을 전문용어로 시추(試錐)라고 불러.

청소년기는 한 우물을 깊이 파는 시기가 아니라 시추하는 시기야. 이것도, 저것도 시도해 보면서 자기 자신을 발견하는 시기지. 그러려면 시간이 필요한데, 대학 입시를 앞두고 학업과 병행하기는 현실적으로 어려워. 경쟁자들이 옆에서 달려 나가는데 나 혼자만 유유자적할 수는 없으니까. 그래서 1년 정도 경주 트랙을 벗어나서 '옆을 볼 자유'가 필요해.

갭이어는 그렇게 '나'에게 질문하고, 그 '나'를 실험하는 시추의 시간이야. 내게 타고난 재능이 있다면 무엇인지, 내가 지금 좋아한다고 믿는 것이 진짜로 평생 좋아할 만한 것인지 시간을 두고 지켜보는 거지. 그렇게 자신을 풀어놓고 좋아하는 것에만 몰두하는 시간이 바로 '갭이어'야.

십 대에 진짜 고민해야 할 건 무슨 직업을 갖느냐가 아니야. 내가 어떤 사람인지를 모른다는 게 고민이지. 자기 안으로 깊이 침잠해서 나를 알아가는 시간, 내가 진정 무엇을 잘하고 원하는지를 발견하는 갭이어가 필요한 이유야.

3

꼭 학교를 그만둬야 하나요?

*

많은 친구가 간다고 해서 그 길이 꼭 안전한 건 아니야.
때로는 광란의 질주를 멈추고 달려가는 곳을 점검할 필요가 있어.
매일 무슨 활동을 하고 누구를 만날지, 어떤 변화가 있을지
생각하면서 정말 하고 싶은지 스스로에게 물어봐야 해.

이쯤 되면 여러 가지 생각들로 머리가 복잡해질 거야. 그래, 알아. 쉽지 않은 일이지. 두렵기도 할 테고. 사실은 좋은 징조야. 두렵다는 것은 실행을 조금이라도 염두에 두고 있다는 거니까. 나침반의 바늘이 빙글빙글 돌아가다가 멈추기 직전 파르르르 몸을 떠는 걸 본 적 있니? 꽤 오랫동안 몸을 떨어. 자기만의 방향을 찾기 직전에는 두려움과 의심에 사로잡히는 시간이 있게 마련이야. 이번 글에서는 네가 궁금해 할 것들에 대해 하나하나 이야기해 보자꾸나.

꼭 학교를 그만둬야 하나요?

물론 그런 건 아니야. 학교를 다니면서도 얼마든지 자기 탐색을 병행할 수 있어. 드물긴 하지만 실제로 학교에 다니며 갭이어를 보낸 친구들도 있고. 단, 친구들과의 경쟁에서 뒤처져도 낙담하지 않을 만큼 '멘탈 갑'이어야 가능해. 그리고 학업과 자기 탐색 두 가지를 병행하려면 그만큼 두 배의 에너지가 필요한데, '쉼'이라는 갭이어의 중요한 목적에서는 멀어지지.

갭이어를 마친 많은 청소년이 입을 모아 "휴식이 자신에게 큰 도움이 되었다"고 고백해. '꽃다운 친구들' 졸업생 28명을 대상으로 "갭이어 중 무엇이 가장 도움이 되었나?"라고 물었더니 1위가 자신을 이해하게 된 것(37%), 2위가 공부에서 벗어나 쉼을 누린 것(34%)이라고 대답했어. 그러니까 학업을 병행하면서 하는 갭이어는 효과를 온전히 누리지 못할 가능성이 크지. 그러니까 가능하면 학교를 쉬면서 갭이어를 갖는 게 좋겠지.

많은 학생이 학교를 휴학하고 갭이어를 하기보다는 중학교 졸업 후에 고등학교 배정을 보류하고서 갭이어를 갖는 경우가 많아. 실제로 '에프터스콜레'나 '꿈틀리 인생학교', '꽃다운 친구들'에 참여한 친구들 모두 중학교 졸업자들이 대상이고. 이렇게 하면 나중에 친구들과의 어색함을 조금은 줄일 수 있으니까.

동생들과 학교를 다녀야 할 텐데, 괜찮을까요?

사실 삼촌이 제일 걱정했던 부분이야. 삼촌은 대학을 졸업하고 갭이어를 했으니까 큰 문제는 없었지만 '또래집단'이 중요한 청소년에게는 중요한 문제일 수 있으니까. 실제로 꿈틀리 인생학교나 꽃다운 친구들에 입학 상담을 하러 오는 청소년들이 가장 많이 문의하는 것이기도 해. 여학생보다는 남학생들이 이 문제에 더 민감하다고 하네.

그런데 실제로 갭이어를 마치고 학교로 복귀한 친구들의 이야기를 들어 보니, 걱정하지 않아도 되겠다 싶었어. 삼촌이 인터뷰한 친구들 모두가 입을 모아 이렇게 대답했기 때문이지.

"처음에 내가 나이가 많다는 걸 커밍아웃하는 게 부끄럽긴 했는데, 막상 이야기하고 나니까 의외로 아이들이 '어떻게 그런 생각을 했어?', '해 보니까 어땠어?'라면서 오히려 신기해하고 대단하게 여기더라고요. '형(언니)'이라면서 대우해 주고 고민이 있으면 찾아오는 친구들도 많고요."

한 사람도 예외 없이 이런 이야길 하더라고. 게다가 요즘은 외국에서 살다 와서 학기가 맞지 않아 한 학년 늦게 들어오는 친구들도 학교에 많다며? 그렇다 보니 별로 이질감 없이 아이들과 잘 지낼 수 있었대. 1년간 생각이 많이 자라고 여문 덕분이겠지. 게다가 이건 정말 의외였는데, 갭이어 후에 공부를 더 잘하게 되었다는 친구들도 정말 많았어. 한 살 더 많으니까 더 잘해야 한다는 책임감이 생겼다나? 어쩌면 동생들에게 지는 게 부끄럽기도 했겠지. 게다가 1년간 실컷 놀았기 때문에 오히려 잡생각 없이 공부에 집중할 수 있었대. 그래서 복학하고 이전보다 성적이 좋아진 친구들이 많았어. 그러니 동생들과 학교를 다니는 것은 그리 걱정할 일이 아니야.

게을러질까 봐 두려워요

혹시 너무 풀어질까 봐 걱정되니? 실제로 대다수 청소년들은 스스로 시간을 관리해 본 적이 없어서 처음엔 애를 먹지. 늦게 자고 늦게 일어나고, 심지어는 밤낮이 바뀌기도 해. 그러다 보면 자책하거나 우울감에 빠지기도 하고. 그러면서 서서히 자기 자신을 관리하는 법을 배우게 돼. 지금까지는 학교가 내 생활의 주도권을 가졌다면, 그 주도권을 내가 가져오는 훈련을 하는 거지. 삼촌 생각엔 벌써부터 게을러질까 봐 걱정한다는 건, 갭이어를 시작하면 스스로 게을러지지 않을 방법을 찾게 될 거란 긍정적인 신호라고 봐. 처음엔 시행착오를 겪겠지만 점차 생활 패턴을 스스로 만들게 될 거야.

삼촌의 노하우는, 아침에 일단 집을 나서는 거야. 삼촌은 회사를 휴직하고 2년간 갭이어를 가졌는데, 아침밥을 먹으면 곧장 도서관으로 갔어. 마냥 쉬고 싶은 날에도 일단은 도서관으로 가서 하고 싶은 일을 하면서 쉬었지. 희한하지? 일단 밖에 나오면 뭐든 간에 유익한 걸 하게 돼. 오후에 다시 들어오더라도 일단 아침엔 집을 나서는 게 좋아.

그리고 자신만의 루틴을 만드는 것도 도움이 돼. 삼촌은 9시 30분이면 도서관에 도착해서 녹차를 우려내고 간단히 명상하고서 하루를 시작했어. 루틴을 만들면 웬만해서는 게을러지지 않거든. 그렇다고 해서 의무감으로 1년을 보내라는 의미는 아니야. 매일 하고 싶은 일에 몰두하기 위해 아침을 깨우는 자신만의 의식을 가지라는 거지.

혼자 뒤처질 것 같아서 두려워요

북아메리카의 인디언들이 버펄로(들소)를 사냥하는 방법 중에 '버펄로 점프(Buffalo Jump)'라 불리는 기술이 있어. 버펄로의 눈은 앞이 아닌 길쭉한 머리 양옆에 있거든. 게다가 흥분하면 머리를 숙이고 달리기 때문에 앞으로 가면서도 옆의 동료들을 보며 달리게 돼. 인디언들은 이런 특성을 놓치지 않았지. 말을 달려 버펄로 떼를 빠르게 몰아붙여. 그리고 어디로 데리고 갈까? 절벽 끝으로 몰고 가. 하지만 옆만 보면서 달리기 때문에 맨 앞줄에서 달려가던 버펄로는 절벽 가장자리에 거의 다 와서야 위험을 깨닫고 뒷줄에게 정지하라고 울부짖기 시작해. 물론 이미 때는 늦었어. 제일 앞쪽에서 달렸던 버펄로는 정지할 틈도 없이 뒤에서 달려오는 녀석들에게 밀려서 절벽 아래로 떨어지게 되고, 둘째 줄은 셋째 줄에 밀리고, 셋째 줄은 넷째 줄에 밀리고…. 이렇게 한 무리가 떨어지면 절벽 아래에서 기다리던 인디언들은 죽은 버펄로들을 끌고 간단다. 사냥은 이렇게 쉽게 끝나지.

많은 친구가 간다고 해서 그 길이 꼭 안전한 것은 아니야. 때로는 광란의 질주에서 떨어져 나와 무리가 달려가고 있는 곳을 점검해 볼 필요가 있어. 코로나19 이후 사회가 격변하는 지금과 같은 때는 더욱 그래야 해. 학교에서 1년 벗어난다고 해서 내 인생이 남들보다 한참 늦춰질까? 아마도 백 살을 살게 될 네게 1년은 정말 짧은 시간일 거야.

갭이어는 선생님과 부모님에게 의존하지 않고 스스로 홀로서기를 해 보는 시간이기도 해. '고독'을 훈련하는 시기지. 고독(solitude)은 외로움(loneliness)과는 다르거든. 외로움은 뭔가에 의존하는 사람이 그것으로부터 단절되었을 때 느끼는 감정이야. 반대로 고독은 누군가에게 의존하지 않는 마음, 스스로 생각하고 행동할 줄 아는 태도지. 외로움은 의존감에서 나오고, 고독은 자존감에서 나오지. 사람은 고독할 때 비로소 자기 인생을 신시하게 돌아보게 돼. 어른이 된다는 건 고독과 친구가 되는 과정이지. 요즘엔 하버드 대학교 졸업식장에서 "엄마, 저 이제 뭘 해야 돼요?"라고 묻는 졸업생이 있다는 우스갯소리가 있잖아. 부모의 그늘에서 벗어나 스스로 생각하는 법을 배우는 것, 그것만큼 가치 있는 공부가 또 있을까?

N

부모님께서 반대하시면 어떡하죠?

그런 걱정이 들 수 있지. 그런데 솔직히 말해서 부모님의 입장은 지금 네가 고민해야 할 게 아니야. 지금은 갭이어를 정말로 해 보고 싶은지 스스로 마음부터 점검해야 해. 결심이 확고하지 않으면 결국 부모님에 의해 결정이 좌지우지될 테니까.

실제로 부모님이 자녀를 데리고 갭이어 기관에 오는 경우들이 제법 많다고 해. 내 자녀에게 가장 좋은 대안이라고 판단해서겠지. 그런데 이처럼 부모님이 선택한 경우엔 적응을 잘하지 못하고, 전자오락에 빠지거나 무기력하게 시간을 허투루 보낼 수 있어. 그러니까 중요한 건 내 마음이야. 먼저 이 책을 읽으면서 갭이어를 하고 있는 나의 모습을 구체적으로 상상해 보렴. 매일 무슨 활동을 하고 누구를 만날지, 1년 후에는 어떤 변화가 있을지를 생각하면서 정말 하고 싶은지 스스로에게 물어봐야 해. 확고한 결심이 서면 그때 부모님을 설득해야지. 아마도 처음부터 환영하는 부모님은 드물 거야. 오히려 "학교를 쉰다고? 무슨 말도 안 되는 소리냐!" 하고 꾸중을 하실 수도 있어. 그러니까 이럴 땐 네가 직접 부딪히는 것보다는 다른 전문가를 활용하는 게 좋아.

설득하는 방법은 다양해. 이 책을 부모님께 선물해도 좋고, 꿈틀리 인생학교나 꽃다운 친구들 같은 갭이어 지원 기관의 설명회에 부모님과 함께 가도 좋아. 또는 유튜브에서 덴마크의 에프터스콜레나 전환학기제를 다룬 국내의 다큐멘터리를 찾아 보여드리는 방법도 있지. 〈오마이뉴스〉의 오연호 대표를 비롯한 사회의 저명한 어른들이 갭이어의 중요성에 대해 강조한 영상도 찾을 수 있을 거야. 그러니 네가 직접 설득하기 전에 먼저 부모님께서 신뢰하실 만한 전문가나 매체를 활용하는 것이 거부감을 줄이는 데 도움이 될 거야.

혹시 '우리 부모님은 나에 대한 기대가 강해서 설득해도 안 될 거야'라고 생각하고 있니? 그렇다면 그 '기대'를 다시 생각해 보렴. 부모님이 기대를 갖는 이유가 너를 조종하기 위해서일까? 너를 통해 대리만족을 하시려는 걸까? 아니야. 부모님이 진정으로 바라시는 건 나의 자녀가 하고 싶은 일을 하면서 행복하게 살아가는 거야. 경주마처럼 앞만 보고 달렸으니 1년 정도는 나를 더 깊이 바라보고 내 주변을 살피는 자유로움이 필요하고, 그래야 더 행복할 수 있을 것 같다고 말씀드려 보렴.

앞서도 말했지만, 네가 이런 걱정을 한다는 건 매우 긍정적인 신호야. 어쩌면 갭이어를 진짜로 실행할 수도 있다는 걸 의미하니까. 그런 열린 마음으로 책의 나머지 부분을 읽어 보렴. 진짜로 할지 말지는 이 책의 마지막 장을 덮을 때쯤이면 자연스럽게 결정돼 있을 거야.

4

자기 안으로
모험을 떠난 사람들

＊

내가 가야 할 곳을 도무지 알 수 없을 때 무기력해지지.

그런데 오히려 조금 속도를 늦추고 한발 물러서서 바라보면

그 길은 출구가 보이는 미궁으로 바뀌게 돼.

자기가 어떤 사람인지 알면 진로는 더 이상 미로가 아니야.

아테네의 영웅 테세우스(Theseus)의 이야기를 알고 있니? 테세우스는 그리스 신화에서 헤라클레스에 비견되는 최고의 영웅이야. 온갖 괴물들과 악당들을 물리쳤는데 그중에 황소 머리가 달린 반인반수 괴물 미노타우로스(Minotauros)를 무찌른 일화가 특히 유명하지.

미노타우로스는 미궁 속에서 살고 있는데, 사람들은 그에게 아름다운 소년과 소녀를 제물로 바쳤지. 테세우스는 괴물을 잡기 위해 스스로 산 제물을 자원해 미궁 속으로 들어가. 그런

테세우스를 걱정했던 공주 아리아드네(Ariadne)는 미궁 속에서 길을 잃어버리지 않도록 실타래를 준비해 그에게 전해 주지. 그 실뭉치 덕분에 테세우스는 괴물을 무찌르고 다시 출구로 나올 수 있었어.

미로와 미궁은 다르다

그런데 이 이야기가 좀 이상한 것 같지 않니? 테세우스가 들어간 곳이 미로(maze)가 아닌 미궁(labilynth)이라는 점 말이야. 미

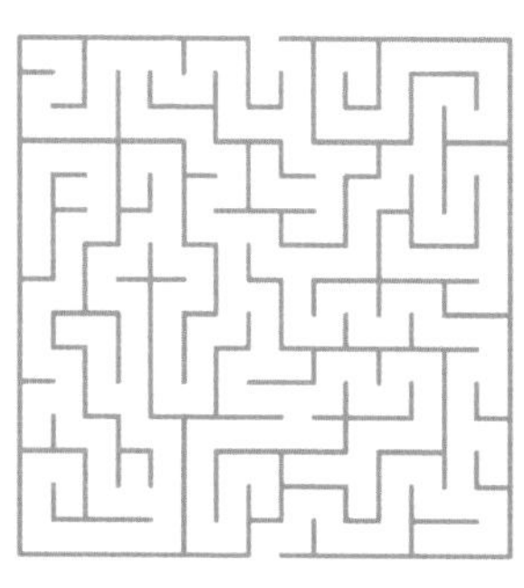

미로(왼쪽)와 미궁(오른쪽)의 모습

로와 미궁은 구분 없이 비슷한 의미로 쓰이지만, 실제로 둘은 목적이 아주 달라. 미로는 여러 갈래의 길이 복잡하게 얽혀 있어 출구를 찾기 어렵지만, 미궁은 모든 길이 중심으로 향했다가 출구로 나오도록 되어 있어. 어느 길로 가든 출구로 빠져나올 수 있게 설계되어 있다는 거지. 미로는 출구를 은폐해서 길을 헤매도록 만든 장치인 반면, 미궁은 천천히 에둘러 가지만 끝까지 걷기만 하면 출구를 찾게 되는 구조야.

그런데 왜 굳이 미궁이 필요할까? 사실, 미궁은 속도를 늦춰서 사람들이 자신을 돌아보며 마음을 다잡도록 돕는 장치야. 세계 각지에 이런 미궁들이 설치되어 있지. 프랑스의 사르트르 대성당 바닥에는 지름 13미터의 커다란 미궁이 있어. 이걸 통과해야 재단으로 갈 수 있지. 사람들은 미궁을 천천히 걸으면서 자연스럽게 자기가 가진 고민을 성찰하고 새로운 시각으로 바라보게 돼. 미국 존스홉킨스 대학병원에도 붉은 바닥에 흰 벽돌로 된 미궁이 있어. 환자와 보호자, 의료진들은 명상하듯 이 길을 천천히 걸으면서 희망과 치유를 경험한다고 고백해. 미궁은 속도를 늦추고 시선을 어지럽히는 방해물들을 차단해서 자신의 내면으로 시선을 돌리도록 유도하지. 때문에 마음이 맑아지고, 평소 품었던 고민에 대한 해결책을 얻기도 해. 모든 미궁은 중심을 향하는 나선형 모양인데, 영어에서 나선(spiral)과 영혼(spirit)의 어원이 같은 건 우연이 아니야. 우리 영혼은 미궁을 통과해야 새로워진다는 거지.

진로를 고민하다 보면 마치 미로에서 길을 잃어버린 듯 답답할 때가 있어. 내가 가야 할 곳을 도무지 알 수 없을 때 우리는 무기력해지지. 그런데 오히려 조금 속도를 늦추고 한발 물러서서 바라보면 그 길은 출구가 보이는 미궁으로 바뀌게 돼. 천천히 에둘러서 '나'라는 중심을 향해 걷다 보면 어느새 길이 뚜렷해지고 자신감도 얻게 되지. 자기가 어떤 사람인지 아는 사람에게 진로는 더 이상 미로가 아니야. 오히려 걸을수록 영혼이 새롭게 고양되는 미궁으로 변모하지. 갭이어는 미로를 미궁으로 바꿀 수 있는 좋은 방법이야.

다시 테세우스 이야기로 돌아와서, 삼촌의 설명을 들으면서 좀 이상하다고 느끼지 못했니? 테세우스가 들어간 건 미로가 아니라 미궁이잖아. 미궁 속의 길은 여러 갈래가 아니라서 그냥 걷기만 하면 중심을 거쳐서 출구로 다시 나오게 되어 있는데, 미궁으로 들어가는 테세우스에게 굳이 실타래가 필요했을까?

삼촌은 그럼에도 불구하고 아리아드네가 실타래를 건넨 건 이유가 있다고 생각해. 적어도 두 가지 이유에서 말이야.

첫 번째, 테세우스는 출발하기 전에 그곳이 미로인지 미궁인지 알 수 없었어. 살아 돌아온 사람이 아무도 없었으니까. 그곳이 미로일 수 있으니 실타래를 준비하는 것이 현명한 선택이었어. 두 번째, 실제로 나선형의 미궁을 걷다 보면 중심을 향해 가까워지나 싶다가도 다시 벌어지기를 반복해. 그러다 보니 그 안을 걷는 사람은 마치 제자리걸음을 하고 있다고 생각하거나 자신이 길을 잃어버렸다고 착각하기 쉽지. 사실은 잘 가고 있는 건데 말이야. 실타래는 '잘 가고 있다'는 확신을 가지기 위해 필요했던 거야. 비슷한 듯 보이지만 사실은 처음 걷는 길이니까,

불안했던 마음속에 곧 출구가 나올 거라는 믿음을 주는 거지.

사실 갭이어를 시작하는 청소년도 처음엔 이런 기분이 들어. 기대감을 가지고 학업을 멈추고 갭이어를 시작하지만 마치 미로 속에 갇힌 것처럼 느껴지지. 다른 친구들은 학원 다니느라 바쁜데 나의 생활은 점점 게을러지고, 계획했던 일들은 이상하게 꼬이고, 때로는 몇 달째 비슷한 생활을 반복하는 자신을 보면서 길을 잃었다고 느끼게 되는 거야. 바쁘게 지내는 친구들을 보면서 불안감에 위축될지도 몰라. 그러니 네게도 '아리아드네의 실타래'가 필요해. 이 책이 그 실타래가 되어 줄 수 있다고 믿어. 아리아드네가 테세우스에게 실타래를 전해 준 마음으로 삼촌은 이 책을 썼거든.

그렇지만 사실 미궁에서는 실이 필요 없다는 걸 또한 이해해야 해. 미로 같아 보이지만 '나'를 찾아서 충실히 걷다 보면 어느 순간 길 끝에 환한 출구가 있다는 걸 믿어야 한다는 이야기야. 그리고 그때에는 실타래가 정말 불필요하게 되지. 이 책도 손에서 놓게 될 테고. 이 책이 더는 필요 없어질 때까지만 길을 안내하는 것, 그게 이 책의 진짜 목적이야.

잠시 멈추고 '나'를 탐험했던 사람들

이 책의 내용 중에서 실타래가 무엇일까? 삼촌은 사람들이 경험한 이야기라고 생각해. 갭이어를 가졌던 사람들의 이야기가 너에게 큰 도움이 될 거야. 이 책에는 위인들부터 너와 나이가 비슷한 청소년들의 이야기까지 다양한 사람들의 경험이 실려 있어. 이 사람들이 갭이어 기간에 무엇을 했고, 어떤 마음가짐으로 임했는지 살펴보면 용기를 낼 수 있을 거야.

'갭이어'라는 개념은 최근에 등장했지만 사실 옛날부터 많은 사람이 '멈춤'으로써 인생을 새롭게 '도약'해 냈어. 삼촌이 쓴 책 중에 《위대한 멈춤》은 잠시 멈추고 자신을 돌아보았던 사람들을 연구한 책이야. 대략 40명 정도를 깊이 연구했는데, 이들 중에 몇 사람의 이야기를 이 책에도 소개할까 해. 참고로 이들은 모차르트 같은 신동이나 레오나르도 다빈치 같은 천재들이 아니야. 그렇게 타고난 사람들은 우리가 따라할 수 없는 부분이 더 많으니까, 신동과 천재는 동경의 대상은 될 수 있어도 배움의 대상은 아니라고 생각해.

삼촌은 젊은 시절 꽤나 평범했던 사람들, 그러다가 인생의 어떤 시기를 거쳐서 비범하게 달라진 사람들의 이야기를 연구했어. 예를 들어 서른다섯 살까지 평범한 직장인이었던 화가 폴 고갱이나 취업이 되지 않자 숲속 오두막으로 들어간 조지프 캠벨 같은 사람들이 궁금했어. 이런 사람들의 이야기 속에는 우리가 시도해 볼 수 있는 '작은 행동'들이 담겨 있거든. 그런 행동들 때문에 평범했던 그들이 훌륭한 인물로 달라질 수 있었지.

그런데 이 사람들의 이야기는 왠지 거리감이 느껴질 거야. 시대도 다르고 나이도 다르니까. 그래서 너와 비슷한 나이의 청소년들을 인터뷰해서 그들의 이야기도 실었어. 생각보다 많은 친구들이 이미 갭이어를 경험했거든. 이들 중에는 앞서 소개한 꿈틀리 인생학교나 꽃다운 친구들 같은 기관의 도움을 받은 친구도 있고, 혼자서 갭이어를 계획하고 실행한 친구도 있어. 비슷한 또래의 친구들이 전해 주는 이야기가 굉장히 도움될 거야.

다양한 사람들을 연구하고 인터뷰하면서 갭이어 동안에 어떤 것에 몰두했는지 살펴보는 건 나에게도 굉장히 흥미로운 경험이었어. 누군가는 하루 종일 책을 읽고, 누군가는 몇 달간 혼자 여행을 떠났더라고. 또 누군가는 매일 오랫동안 일기를 쓰고, 누군가는 공동체 속에서 부딪히면서 자신을 발견하더라. 삼촌은 그것들이 천천히 인생을 바꾸는 도구라는 걸 알게 되었어.

독서, 글쓰기, 여행, 취미, 스승, 공동체라는 여섯 가지의 도구들은 사람을 근본적으로 변화시키는 힘이 있는 것 같아. 2장에서는 이 도구들에 몰입해서 갭이어를 잘 마친 사람들의 이야기와 어떻게 그 도구들을 활용했는지 소개하려고 해. 여러 사람의 경험담을 읽으면서 '내가 만약 갭이어를 한다면 어떻게 보낼까?'를 즐겁게 상상해 보렴. 갭이어를 선택하지 않더라도 이들의 이야기는 네게 큰 울림을 줄 거야. 이 책을 읽으면서 더욱 마음에 끌리는 사람이나 도구가 있다면 좀 더 그것들에 대한 자료를 찾아보렴. 그 이끌림 속에 너를 들여다볼 중요한 힌트가 있을 거야.

하지만 이 사람들의 이야기에 너무 매몰되지는 않았으면 해. 나의 이야기는 결국 내가 스스로 만들어 가야 하는 거니까. 다른 사람의 이야기는 '창문'에 불과해. 창문 너머로 그 사람의 모습을 관찰해 보는 거지. 하지만 '장문'은 직접 열고 그 속으로 들어가 참여할 수 없다는 점에서 '문'과는 달라. 삶을 바라보는 것과 직접 살아보는 것은 별개의 문제니까. 결국 문을 열고 나가 자신의 이야기를 만드는 것은 네 몫이야.

그럼에도 불구하고 창문으로 들여다보는 경험은 필요해. 직접 문을 열고 나가기 전에 필요한 것을 준비하고 결단할 수 있도록 도와주니까. 앞으로 나올 여러 사람들의 이야기를 통해 너의 갭이어를 상상해 보고 간접적으로 체험하면 실제로 실행할 용기와 방법을 얻을 수 있을 거야. 진정한 자유는 자기 자신이 되는 것이야. 갭이어를 통해 진짜 자유에 도전해 보렴.

2장

어떻게 갭이어를 보낼까?

1

독서

깊은 질문으로

나를 들여다본다

*

학생일 때 우리는 하나의 정답을 찾으려고 허덕이지.
그런데 살아가면서 만나게 되는 질문 속에 매순간
정답이 하나일까? 행복해지는 방법이 정말 딱 하나뿐일까?
좋은 책은 여러 가지 답을 생각하게 해.

시원이는 미래에 대한 걱정이 많은 친구야. 중학교 3학년 때 학교에서 면담하다가 선생님으로부터 “수시 입시에 유리하려면 고1 때 직업을 정해야 한다”는 말을 듣고 마음이 조급해지고 불안해졌지. 아직 자신이 뭘 좋아하고 잘하는지 알 수 없었으니까. 진로가 정해지지 않은 채 고등학교에 진학해서 생각 없이 공부만 하다가 점수에 맞춰 대학을 정하는, 그런 뻔한 길을 걷고 싶지 않았어. 그러던 중 어머니의 추천으로 오디세이 학교에서 진행하는 1일 체험 수업을 듣게 되었지. 재학생들과 이야기를 나누면서 그 공동체의 자유롭고 따뜻한 분위기에 매료됐어. 고민 끝에 오디세이 학교에서 1년간의 갭이어를 가지면서 진로를 찾아보기로 했어.

오디세이 학교는 5개의 비영리 기관에서 각각 운영했는데, 시원이는 집에서 가까운 '오디세이-민들레 학교'에 입학했지. '말과 글' 중심의 교육에 특화된 학교야. 시원이는 원래 독서나 글쓰기에 큰 관심이 없었어. 중학교 때 읽은 책은 《해리포터》, 《나니아 연대기》 같은 영화에서 봤던 판타지 소설 정도였지. 오디세이 학교에는 '시민학'이라는 수업이 있어. 여러 사회 문제에 대한 책을 읽고 토론하는 수업이었는데, 시원이는 난생 처음 그런 책들을 읽어 보게 되었지.

독서를 통해 빈부격차, 젠더 갈등, 난민, 인종차별 등 세상에 얼마나 많은 이들이 고통 받고 있고, 또 얼마나 많은 사람이 이런 문제에 무지한 채로 살아가고 있는지 처음 알게 되었어. 사회 문제에 대한 책들을 통해 바라보는 '나'는 너무나 볼품이 없었지. 시원이는 지금껏 한 번도 진지하게 세상에 대해 고민해 본 적이 없었다는 걸 알게 되었어.

"중학교 때 제 별명이 '진지충'이었어요. 어떤 일이든 심각하게 고민하고 말도 진지하게 한다고요. 그런데 책을 읽으면서 알았어요. 제 진지함은 오로지 '나'에 대한 진지함이었지, 세상에 대한 진지함은 아니었다는 걸 말이에요. 부끄럽게도 저는 너무 제 생각만 하고 살았어요. 내 꿈, 내 미래, 내 친구들… 그런데 여러 글들을 읽으면서 '나'를 넘어서 세상에 대한 진지한 관심을 처음으로 갖게 되었어요. 지금 돌아보면 책이 마치 오디세이 학교처럼 세상과 저를 연결해 주는 다리였던 것 같아요."

시원이는 조금씩 책의 매력에 빠져들었지. 책은 학교에서의 배움과는 달랐어. 학교에서 배우는 지식들은 단편적이어서 '이해'가 확장된다는 느낌은 없었거든. 하지만 책은 하나의 주제뿐만 아니라 사회적인 이슈나 역사 등 여러 가지 연결된 내용들까지 통합적으로 알게 되어서 실제로 지식이 쌓이고 이해가 확장되는 걸 느낄 수 있었지. 책을 읽다 보니 자연스럽게 쓰는 단어들이 달라져서 말도 세련되고 유식하게 할 수 있다는 점도 매력적이었어. 무엇보다도 책을 통해 세상과 연결되면서 우리 사회의 외진 곳에 있는 사람들에게도 관심을 갖게 되었고.

특히 교육 문제에 관심이 생겼는데, 시원이는 오디세이 학교의 길잡이 선생님들과의 다양한 수업 방식을 통해 실제로 달라지는 친구들의 모습을 보면서 대안교육에 관심을 갖게 됐어. 그래서《두려움과 배움은 함께 춤출 수 없다》등의 대안교육에 대한 책들을 파기 시작했지. 특히 일본에서 '거리의 사상가'로 불리는 우치다 다츠루(內田樹)의 책을 좋아해서 많이 읽었어. 200권이 넘는 책을 쓴 교육가인데, 학교가 학원처럼 상품화되는 현실을 비판하고 새로운 대안을 제시하는 작가야. 그가 쓴《스승은 있다》,《교사를 춤추게 하라》등의 책에 푹 빠져 지냈지.

시원이는 일본의 대안학교인 키노쿠니 학교에 대한 책을 읽고 친구들과 일본으로 가서 그 학교를 견학하기도 했어. 학생들이 주도적으로 이끌어가는 프로젝트 중심의 교육이 실제 학교에서 어떻게 이루어지는지를 보면서 감탄했지. 학교가 하나의 완벽한 공동체로 운영된다는 사실이 큰 의미로 다가왔고.

책을 읽다 보니 자연스럽게 글을 쓰고 싶었어. 밥을 많이 먹으면 화장실에 가고 싶은 것처럼 글쓰기는 일종의 배설 욕구를 일으키거든. 시원이는 1년간 읽은 책들, 만났던 사람들, 해 본 경험들을 하나씩 글로 쓰기 시작했어.《나에게 주는 처방전》이라는 멋진 제목을 달고 '여행-시야를 넓혀준 안과', '독서-척추를 곧게 세워준 외과' 이런 식으로 종합병원에 빗대어서 목차를 구성했지. 하나씩 엮다 보니 어느새 300페이지가 넘는 책이 되었어. 민들레 학교에서는 이것을 실제 책으로 여러 권 제본해 주었고, 시원이는 부모님과 친구들에게 선물했지. 정말 멋진 경험이지 않니? 시원이는 1년이라는 과정이 통째로 담긴 그 책을 가끔씩 펼쳐보면서 힘을 얻곤 해.

오디세이 학교를 마치고 시원이는 다시 고등학교로 돌아왔어. 1년간의 자유로운 생활 때문에 처음엔 학교에 적응하기 조금 힘들었지. 여전히 시험과 경쟁에 지쳐가는 친구들을 볼 때면 '이 친구들도 갭이어를 가졌다면 좋았을 텐데' 하는 생각을 여러 번 했었고. 갭이어 전에는 미래가 막연히 불안했었는데 시원이는 이제 미래에 대한 확신이 생겼어. 책을 읽으면서 목표가 뚜렷해졌기 때문이야.

지금 고등학교 3학년인 시원이는 교육학과 진학을 위해 열심히 공부하고 있어. 선생님이 되어서 학교를 더 창의적이고 자유로운 곳으로 바꾸고 싶거든. 대안학교 교사가 되는 게 아니라 일반 공립학교 교사가 되어 새로운 시도들을 하면서 대한민국의 공교육을 바꾸고 싶기도 하고. 입시에 대한 스트레스가 만만치 않지만 그럴 때면 시원이는 책 속으로 들어가곤 해. 책을 통해 세상과 연결되고 나면 숨통이 트여서 다시 공부에 매진할 수 있거든. 책이 갖는 힘은 이렇게 무궁무진하단다.

조지프 캠벨, 오두막에서 마음껏 읽다

조지프 캠벨(Joseph Campbell)은 세계에서 가장 저명한 신화학자야. 전 세계의 신화들에 공통적인 패턴이 있다는 것을 발견하고 '영웅의 여정(hero's journey)'이라는 이론으로 정리해냈지.

그런데 그의 전공은 원래 신화학이 아니라 생물학과 수학이었어. 그런데 어떻게 신화학자가 된 걸까? 사실 캠벨이 대학을 졸업했을 당시에 미국은 대공황으로 경제 상황이 매우 좋지 않았어. 여러 곳에 이력서를 넣어 보았지만 도무지 취직할 수가 없었지. 처음엔 무척 낙담하면서 지내다가 어느 날 결심하게 돼. '맞아, 이런 여유로운 생활은 내가 늘 꿈꾸던 게 아닌가? 나는 늘 좋아하는 책에 푹 빠져서 지내보고 싶었잖아!'

며칠 후 캠벨은 뉴욕 근처의 우드스톡 숲에 있는 작고 허름

한 오두막집을 빌렸어. 그곳에서 지내며 보고 싶은 책들 속에 파고들었지. 대학에 있을 때는 책을 의무적으로 읽어야 해서 재미가 없었는데, 이제는 그럴 필요가 없어진 거야. 그래서 자신이 좋아하는 책만 골라 읽기 시작했지. 학교에 다닐 때는 친구들에게 아는 척할 만한 멋진 표현부터 고르면서 책을 읽었는데 이제는 그렇게 과시하려고 애쓸 필요를 못 느끼게 된 거지. 책을 이용해서 자기를 포장할 필요가 없어지니 책 속의 이야기가 마음을 깊이 건드렸어. 캠벨은 아무런 목적 없이 소설이든 시든 그냥 읽었어. 작품 그 자체에 푹 빠져들었지.

처음엔 몇 달만 해 보자고 시작했는데 그 생활이 너무 좋아서 무려 5년이나 오두막에서 책을 읽었어. 돈이 필요할 때는 재즈 밴드에서 연주하거나 공사판에서 노동하면서 근근이 생계를 유지해 나갔지. 주변 사람들은 젊은이가 한심하게 생활한다고 안타까워했지만 캠벨의 마음은 늘 기쁨으로 가득했어.

그는 읽었던 책 중에서 매우 좋았던 책의 작가가 쓴 책들을 모조리 찾아 읽기 시작했어. 그리고는 그 작가가 영향을 받은 다른 작가들의 책을 또 모조리 읽었지. 거미가 거미줄을 자아내듯 캠벨은 관심 작가들을 서로 연결하며 읽어 내려간 거야. 그는 학위나, 취업을 위해, 또는 책을 집필하기 위해 읽은 게 아니었어. 명문학교나 명사들의 추천 도서 목록이나 베스트셀러를 기웃거리지도 않았고, 오로지 자신이 좋아하는 책만 물고 늘어진 거야.

어렸을 적부터 신화를 좋아해서 여러 나라의 신화 관련 책을 구해서 읽었는데, 읽다 보니 흥미로운 사실을 발견하게 되었어. 전 세계 신화들의 줄거리가 비슷하다는 점이야. 예를 들면 미국의 인디언들에게서 전해 내려오는 신화가 영국의 '아더 왕 전설' 이야기와 너무나 똑같았어. 이것은 놀라운 사실이었지. 왜냐하면 콜럼버스가 아메리카 대륙을 발견하기 전까지 미국 인디언과 영국 사람들은 교류가 전혀 없었으니까. 그런데 두 문화의 신화가 비슷하다니, 매우 놀라웠지. 캠벨은 이 사실에 흥분했고, 여러 나라의 신화들을 두루 읽으면서 패턴들을 찾기 시작했어.

그리고 그런 관심사가 이어져서 세계 여러 나라들의 신화를 하나로 묶는 공통의 원리를 발견하는 데 평생을 바쳤지. 생물학을 전공했던 캠벨이 권위 있는 신화학자가 된 배경에는 몇 년간 오두막에 앉아 읽은 책의 영향이 컸어.

삶을 바꾸는 책과의 만남

너는 책을 얼마나 좋아하니? 시원이와 조지프 캠벨처럼 책 때문에 가슴 뛰는 밤을 경험해 본 적 있니? 삼촌은 현재 작가지만, 어렸을 적엔 책이라면 고개를 절레절레 흔드는 아이였어. 책보다는 영화나 게임, 운동, 친구들과의 수다가 더 유익하다고 생각하는 편이었지. 1년 동안 책을 한 권도 읽지 않는 아들을 부모님은 늘 걱정하셨어.

중학생이 된 어느 날, 영화로 보았던《투 캅스》라는 책이 집에 있는 거야. 영화를 워낙 재미있게 본 터라 얼른 책을 집어 들었어. 그날 늦게까지 불을 켜고 책 읽는 모습을 새벽에 화장실에 가시던 아버지께서 보셨어. 얼마나 뿌듯하셨을까?

아버지는 다음날 큰 서점으로 나를 데려가셨어. 처음으로 책 선물을 해 주고 싶으셨던 거야. 한참을 이 책 저 책 들춰 보며 고민하시던 아버지는 마침내 결정하신 듯 노란 황금빛 표지의 책을 들고 오셨어. 중학생 아들에게 아버지가 처음으로 선물한 책이 뭔지 알아? 프로이트(Sigmund Freud)의《꿈의 해석》이야. 지금 읽어도 난해한 그 책을, 아버지는 과연 읽고 추천하신 건지 여전히 궁금하지만 왠지 죄송스러워서 아직까지 여쭤보지 못했어. 그 책을 선물 받은 이후로 나의 책 읽기는 다시 휴면 상태에 들어갔지. 연신 하품하며 몇 장을 들추다가 이내 방구석에 던져두고 '역시 난 책은 아냐'라며 휘파람을 불며 오락실로 가 버렸지 뭐야.

책 읽기가 정말 재미있다는 것을 알게 된 것은 그로부터 15년이나 지나 스물아홉 살이 되었을 때야. 무심코 읽게 된 한 권의 책 때문에 가슴이 쿵쾅거려서 밤새 뒤척이다가 다시 불을 켜고 앉아 밑줄 친 부분을 몇 번이고 다시 읽고, 집 밖을 서성이다 친구들에게 엽서 몇 편을 쓰고 나서야 겨우 잠들었던 기억이 나. 책 한 권에 내가 그렇게 전율할 수 있다는 것이 신선한 충격이었지. 독서가 재미있다는 것, 독서가 주는 지식이나 교훈 때문이 아니라 책을 읽는 과정 자체가 여행하듯 '살아 있다'는 느낌을 준다는 사실이 감동적이었어. 뒤늦게야 이런 즐거움을 알게 된 것에 대한 후회도 밀려들었고.

그 경험 이후로 나는 글을 쓰는 작가가 되었어. 가끔씩 어머니께서 "책을 그렇게 싫어하던 네가 작가가 된 건 세계 8대 불가사의야"라고 농담처럼 말씀하시곤 해. 삼촌의 인생을 바꾼 그 한 권의 책이 무슨 책이냐고? 궁금하면 이 책을 끝까지 읽어 보렴.

삼촌의 오랜 독서 비결은 재미없는 책은 읽지 않는다는 거야. 간단하지? 맛있는 음식처럼 책도 '가벼운 맛'이 있고 '깊은 맛'이 있어. 음식을 먹다 보면 패스트푸드처럼 달고, 짜고, 기름진 자극적인 맛을 즐기다가 어느 날부턴 비빔밥이나 된장찌개처럼 처음엔 맹숭맹숭해도 씹을수록 깊은 맛이 나는 슬로푸드를 찾게 되잖아? 책도 마찬가지야. 깔깔 웃으면서 '읽고 끝!'인 자극적인 책이 있고, 음미할수록 깊은 맛이 나는 책이 있어. 시원이가 중학교 때는 주로 판타지 소설만 읽다가 점점 사회 문제나 교육에 대한 책에 빠져든 것도 이런 깊은 맛을 알게 된 거라 할 수 있지.

삼촌도 오랫동안 곱씹을수록 재미를 느끼는 책을 골라. 많이 읽다 보니 자연스럽게 그런 책들에 손이 가더라. 음식도 그렇잖아. 자극적인 맛에 길들여지면 미각도 잃고 건강도 잃지만, 음식의 깊은 맛을 제대로 알면 더 건강하고 맛있는 음식을 찾게 되는 것, 그것과 같아. 조지프 캠벨도 책을 그런 식으로 읽었어. 그는 최고의 장난감으로 '읽을 때는 재미있지만 어떤 결론을 내려 주지 않는 책, 그래서 더 오래 남는 책'을 꼽곤 했지.

삼촌이 책을 읽으면서 알게 된 건, 깊은 맛의 책들은 대부분 처음이 조금 지루하다는 거야. 왜냐하면 이런저런 배경 설명을 앞에 해야 뒤에 이해하기 쉬우니까. 그러다 보니 이런 책들은 보통 3분의 1 지점부터 엄청나게 재밌어지는 경우가 많아. 그래서 삼촌은 어떤 책이든 3분의 1까지는 의무감으로 읽어. 그런데도 재미가 없다? 그러면 탁! 책을 덮어 버리지. 그 정도까지도 내 마음을 움직이는 문장이 없다면 뒷부분에도 그럴 테니까 더는 안 읽어. 뭐든 마찬가지지만 즐거움이 없으면 오래 지속할 수 없고, 깊이 들어갈 수 없잖아.

독서를 방해하는 3대 훼방꾼

어떻게 독서의 즐거움을 살릴 수 있을까? 우선 독서를 재미없게 만드는 몇 가지 방해물에 대해 알고 있어야 해. 적어도 세 가지 훼방꾼들이 있어.

첫 번째는 많이 읽어야 한다는 의무감이야. 1년에 50권을 읽겠다는 목표를 가진 사람들은 결국 얕은 지식만을 가진 '자랑하는 책 읽기'에 머물고 말아. 1년에 50권을 읽는 것보다 5권만 읽어도 나를 감동시킨 문장이 몇 줄인가가 훨씬 중요해. 왜냐하면 사람의 인생을 바꾸는 건 책 '한 권'이 아니라 내게 감동을 주는 '한 문장'이거든. 우리는 한 권의 책을 다 기억하지 못해. 책을 읽는다는 것은 결국 '나를 바꿀 한 문장'을 얻는 거야.

두 번째 독서의 훼방꾼은 '나는 이런 책도 읽을 줄 아는 사람'이라는 걸 과시하려는 허영심이야. 주로 난해한 책을 골라 읽고는 자주 그 책을 언급하면서 자랑하지. 그런데 어려운 책이

반드시 좋은 책은 아니야. 오히려 진짜 고수는 어린 아이들도 이해할 수 있도록 쓰지. 생텍쥐페리의 《어린왕자》는 어린이에게도 성인에게도 깊은 감동을 주는 명저야. 허영심 때문에 어려운 책을 골라 읽으면 흥미가 점점 떨어져서 결국 독서에서 멀어지게 돼.

세 번째 독서의 훼방꾼은 나만 뒤처진다는 불안감이야. 그러면 베스트셀러 같은 유명한 책에 집착하게 되지. 뒤처지지 않으려는 마음으로 책을 읽으니까. 그런데, 하나 물어볼게. 베스트셀러(bestseller)는 베스트 북(best book)일까? 베스트셀러는 말 그대로 많은 사람이 구입한 책일 뿐, 깊은 내용을 보장하지는 않아. 마치 맥도널드 같은 세계적인 프랜차이즈들이 늘 건강하고 깊은 맛의 음식을 제공하지 않는 것처럼 말이야. 좋은 책은 오랜 시간 독자들에게 영향을 미치는 책이야. 동서고금의 고전과 오랫동안 꾸준히 읽히는 스테디셀러(Steady Seller)는 좋은 책이라 할 수 있지. 오랜 시간 사랑받는다는 것은 그만큼 오랫동안 독자들이 그 책을 통해 변화했다는 걸 증명하니까.

의무감, 불안감, 허영심 같은 감정에 휘둘리는 독서는 우리의 무의식에 '책은 본래 재미없는 것'이라는 생각을 새겨 넣고 말아. 그러면 결국 손쉬운 오락거리를 만들거나 바쁜 일을 핑계로 손에서 책을 놓게 되지. 자기가 좋아하는 책을 읽는 게 중요해. 좋아해야 아주 오랫동안 읽을 수 있으니까.

열린 질문으로 나를 들여다보다

삼촌이 얼마 전에 어느 고등학교에 갔을 때 한 친구가 쪽지로 질문했어. 이렇게 적혀 있더구나. "요즘은 검색만 해도 필요한 지식을 바로바로 구할 수 있는데, 왜 선생님과 부모님들은 그렇게 책을 읽으라고 안달복달이세요?"

무엇보다도 '안달복달'이라는 표현에 빵 터졌어. 어른들한테 독서하라는 잔소리를 얼마나 들었을까 상상하다가 한참을 혼자서 낄낄댔지. 그런데 한편으로는 조금 안타깝더라. 이 친구는 아직 한 번도 책을 통해 큰 재미를 느끼거나 감동한 경험이 없구나 싶었거든. '책=지식'이라고 생각하게 된 건 학교나 부모님의 영향이 클 거야.

책은 지식을 얻기 위해서만 읽는 게 아니야. 오히려 건강한 독서는 꽁꽁 얼어붙은 내 안의 편견을 깨는 '도끼'야. 우리는 책을 통해 자기도 몰랐던 선입견을 부수고, 마음을 열어 나와 정반대의 생각을 가진 사람들의 의견을 이해할 수 있어.

스마트폰은 지식과 정보를 쉽고 빠르게 줄 수는 있지만 나와 다른 생각은 차단하는 경향이 있어. 인터넷 정보 검색을 할 때도 내 선입견을 깨기 위해서가 아니라, 내 주장을 뒷받침하기 위해 활용하곤 하지. SNS는 수평적인 소통을 표방하지만, 실제로는 '끼리끼리 모이는 공간'으로 점차 변질되었어. 나와 생각이 비슷한 유사한 사람들과 연결하고, 내가 싫어하는 사람은 클릭 한 번으로 쉽게 차단하면 그만이니까. 그래서 점점 듣고 싶은 말만 듣고, 나와 다른 생각은 전혀 듣지 않게 되지. 요즘 온라인에서의 토론이 종종 싸움으로 번지는 이유도 그거라고 생각해. 모두들 자기가 보고 싶은 정보만 긁어모은 채 상대의 말에는 귀를 막고 있으니까.

책을 깊이 읽는 사람은 달라. 나와 반대되는 의견과 부딪힐 때 먼저 내가 놓친 것은 없는지 그 사람의 이야기를 듣고 자신을 스스로 점검하지. 책 속에서 자기 편견을 만나 깨져 본 경험이 있으니까. 좋은 책은 '깊이 있는 질문'을 통해 내 안의 편협함과 치졸함을 발견하도록 도와주거든.

또한, 질문은 자기 자신과 삶을 돌아보게 해 주지. 학생일 때 요구받는 것은 대부분 답이지 질문이 아니야. 그럼 삼촌이 한번 질문해 볼게. 이 문제를 한번 풀어 보렴.

다음 도형들 중 성질이 다른 하나는 무엇인가?

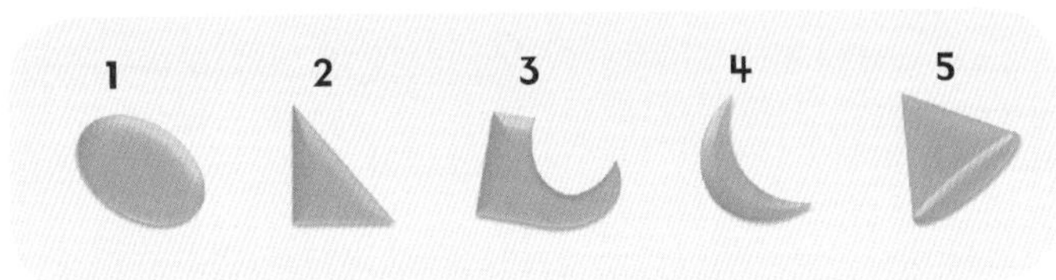

몇 번이 정답일 것 같니? 정답을 골랐다면, 왜 그렇게 생각하지? 사실 정답은 5개 모두 가능해. 1번은 유일한 원형이고, 2번은 직선으로만 이루어져 있는 유일한 도형이지. 3번은 유일한 비대칭 도형, 4번은 유일하게 곡선과 꼭짓점으로 이루어졌고, 5번은 유일한 입체형이지. 이렇게 정답이 5개 모두 가능한 문제를 풀어 본 적이 있니? 아마 없을 거야. 시험지 속의 정답은 늘 하나였으니까.

학생일 때 우리는 하나의 정답을 찾으려고 허덕이지. 하지만 살아가면서 만나게 되는 여러 가지 질문 속에 매순간 정답이 하나밖에 없을까? 행복해지는 방법이 딱 하나뿐일까? 예를 들어, 마음에 드는 이성 친구의 호감을 얻는 방법이 단 하나일까? 전혀 그렇지 않아. 우리 현실의 문제는 2+2=□ 같은 퀴즈형의 문제가 아니야. 오히려 □+□=4 같은 해답의 수가 무수히 많은 퍼즐형의 문제에 가깝지.

좋은 책은 질문을 던져서 여러 가지 답을 생각하게 해. "게으름은 나쁜 것"이라 규정하는 대신에 "인간은 게으를 때 가장 창조적이다"라는 식의 다른 측면의 해석들을 알려주지. 이 책에서 삼촌이 말하는 "학교를 쉬고 학교 밖에서 놀아보자"는 것 역시 기존의 편견을 뒤집는 생각이야. 이렇게 책은 우리가 가지고 있는 편견을 다시금 돌아보게 하는 힘이 있어.

좋은 책을 고르려면

읽을 책을 고를 때 '성공하려면 이렇게 해라!'는 식의 답을 제시하는 책은 피하는 게 좋아. 내가 원래 가졌던 생각을 더 고착화하는 책도 좋은 책이라고 보기 어렵지. 정답을 제시하거나 편견을 강화하는 게 아니라, 원래 가지고 있던 생각을 깨뜨려 새로운 차원으로 가게 하는 책이 좋은 책이야. 보통 이런 책은 처음 볼 때도 좋지만, 여러 번 읽을수록 더 재미있지. 그래서 삼촌이 책을 고르는 원칙은 단순해. "두 번 읽을 가치가 없는 책은, 한 번 읽을 가치도 없다."

책을 고를 때는 마치 우리가 스마트폰을 살 때처럼 깐깐하게 골라야 해. 대리점에 가서 "요즘 무슨 스마트폰이 제일 잘나가요?"라고 묻고 사장님이 골라 주는 것으로 바로 구매를 결정하는 사람은 아마도 없을 거야. 내가 주로 사용하는 목적이 뭔지 생각하고, 전문가의 리뷰를 보고, 주변 사람들의 사용기를 충분히 들은 후에 구매할 스마트폰을 결정하지. 2년 정도 쓰는 스마트폰은 그처럼 신중하게 고르면서, 왜 평생 내 무의식에 남아 삶에 영향을 미칠 책은 고민 없이 쉽게 결정해 버리는 걸까?

책을 고를 때는 적어도 세 가지를 살펴보렴. 서문과 목차, 그리고 본문 한 꼭지. 사람에 비유하자면 서문은 얼굴과 첫인상이고, 목차는 그 사람의 골격과 풍채, 본문은 인품을 드러내는 말이라고 할 수 있어. 먼저 서문을 읽으면서 책의 전체적인 방향을 이해하고, 목차를 살펴보면 책의 주제가 얼마나 짜임새 있게 구성되어 있는지 알 수 있어. 그 목차 중에서 마음에 드는 한 꼭지를 읽어 보는 거야. 그러다 보면 '이 책 참 괜찮네'라는 생각이 들 때가 있지. 그럼 사야 할까? 삼촌의 대답은 "노!(No!)"야. 우리가 스마트폰을 살 때 '괜찮은' 정도로 구매를 결정하지 않잖아? 아무리 괜찮은 내용이 많아도 가슴을 훅 치고 들어오는 문장이 없다면 선불리 결정하면 안 돼. '괜찮네' 수준이 아니라, 한순간 마음을 환하게 밝혀 주는 책을 골라야지. 삼촌의 경험상, 제목이 매력 있다고 내용의 질도 좋은 경우는 의외로 드물어. 제목이 자극적일수록 내용이 진부한 경우도 참 많지. 너무 확 끌리는 제목의 책일수록 꼼꼼히 살펴보는 게 현명해.

책을 읽는다는 건 스스로 질문을 던지는 것과 같아. 1년간 책을 통해 "넌 어떻게 살고 싶니?"라고 자신에게 물어보면 어떨까? 분명 그 질문은 네 영혼에 흔적을 남길 거야. 그리고 릴케가 말했듯이 "중요한 질문 한 가지를 마음속에 품고 살다 보면, 언젠가 그 답 속에 살고 있는 자신을 발견하게 될" 거야. 책을 통해 너를 들여다보렴.

2

글쓰기

내 인생의 작가는

오직 나

*

흔히 “인생은 한 권의 책과 같다”고 해.

인생이 어떤 책이든, 그것은 아직 완성되지 않은 책이야.

온전히 내가 한 단어, 한 문장, 한 페이지씩 써야 완성되지.

그러니 무엇을 어떻게 쓸 것인지 스스로에게 물어보렴.

채윤이는 어렸을 적부터 피아노를 무척 좋아했어. 그래서 초등학교 5학년이 되었을 때 예중(예술중학교)을 가겠다고 결심했지. 보통 3학년부터 준비를 시작하는 예중 입시에서 다른 친구들보다 많이 뒤처졌지만 스스로 결정한 일이었으니까 열심히 연습해서 예중에 합격했어.

그런데 기쁨도 잠시, 곧 예중이 생각했던 것과는 많이 다르다는 걸 알게 됐어. 학교에 적응할 여유도 없이 시작되는 향상음악회, 실기 시험을 위한 곡 선정과 연습, 거기에 필기시험까지…. 채윤이의 시간은 째깍거리며 돌아가기 시작했고, 늘 긴장한 상태로 피아노를 쳤지. 무엇보다 매일 친구들과 경쟁해야 한다는 사실이 괴로웠어. 학교는 늘 등수를 매겼고, 뒤처지는 아이들은 자책하곤 했지.

2학년 말에 장래희망을 조사하는데 우연히 피아노과의 다른 친구들이 적은 것을 보게 되었어. 채윤이는 깜짝 놀랐지. 40명 중에 채윤이를 제외하곤 '피아니스트'라고 적은 친구가 1명도 없었거든. 모두들 '대학 교수'라고 적었지. 채윤이는 그때 처음으로 '예고(예술고등학교)에 진학하지 말까…' 하는 생각을 했어. 예고도 비슷하게 폐쇄적인 환경일 것 같았으니까. 그래도 중학교 시절의 결실을 맺고 싶어서 예고 입시를 봤고 합격했지.

그런데 며칠 후, 채윤이는 입학을 포기하겠다는 각서를 쓰고 입학을 취소했어. 그러다 우연히 꽃다운 친구들을 알게 되었고, 1년간의 긴 방학을 자신에게 주기로 결심했지. 대단한 용기지 않니? 예고 입학을 취소하던 날, 채윤이는 마음이 정말 후련했어. 자기 마음대로 해 볼 수 있는 1년이 생겼으니까.

채윤이는 1년간 실컷 자고 실컷 놀면서 자기를 열심히 들여다보았어. 그렇게 마음 편히 지내다 보니 이상하게 글을 쓰고 싫어지는 거야. 엄마에게 선물 받은 일기장에 아무에게도 털어놓지 못했던 생각과 감정을 적어 내려가기 시작했지. 예중에 다닐 때 경쟁에서 뒤처지면서 힘들었던 기억들, 상처받은 말들, 스스로를 자책하며 들었던 모든 감정들을 솔직하게 적어 내려갔어. 모진 말로 자신을 힘들게 했던 선생님께 편지를 쓰기도 했지. 예고를 포기했을 때 주변에서 "정말 대단하다"고 했는데, 그게 정말 대단한 건지 쓰면서 객관적으로 돌아보기도 했어.

채윤이는 원래 어머니와 터놓고 이야기를 많이 하는 편이었는데도 글을 쓰는 건 또 느낌이 달랐어. 아무에게도 보여 주고 싶지 않은 부끄러운 모습들, 마음 깊은 곳에 숨겨진 감정들까지 여과 없이 털어놓을 수 있었으니까. 그렇게 감정에 푹 젖어 한바탕 쏟아내고 나면 마음이 후련해졌어. 일기장은 남몰래 고해성사할 수 있는 채윤이만의 작은 예배당이자 때로 울기도 하고, 욕도 하고, 또 스스로를 다독이면서 자신을 추스를 수 있는 비밀의 공간이었던 거야. 글을 쓰면서 예중에서 힘들었던 마음을 달래고, 낮아진 자존감을 조금씩 회복할 수 있었지.

채윤이는 1년간 미국, 홍콩, 베트남 등 여행을 많이 다녔는데, 여행하는 내내 글을 썼어. 방문했던 대학교 캠퍼스 의자에 앉아서, 잠시 멈춰 쉬는 공원에서, 석양을 바라보는 크루즈에서, 시끌시끌한 스타벅스 매장에서… 어디든 다이어리를 펼치고. 그때그때 떠오르는 생각과 감정, 새로운 각오 등을 자유롭게 적었지. 사진이나 영상보다도, 여행에서 글로 포착하는 감정과 생각들은 또 다른 매력이었어. 시간이 한참 흐른 후에 읽어 보면, 그때의 감정들이 되살아나면서 행복에 젖게 되지. 그날 들었던 음악의 제목들도 적어두곤 했는데, 그 음악을 들으면서 글을 읽으면 마치 그곳에 다시 온 것 같이 마음이 풍성해졌어.

1년간 자유롭게 글을 쓰고, 여행하고, 음악을 들으면서 채윤이는 자신이 진짜로 하고 싶은 음악을 찾았어. 바로 재즈야. 글을 쓰다 보니 자연스럽게 자유로운 음악에 끌린 거지. 예중에서 공부했던 클래식은 창작보다는 '해석'하는 데 의미를 두지만, 재즈는 자기 안의 감정들을 끄집어내어 표현하는 '창작'에 가깝다는 생각이 들더래. 사실 예중에 다닐 때 채윤이는 이중생활을 했었어. 클래식 음악을 전공했지만 좋아서 찾아 들은 적이 거의 없었는데, 팝과 재즈를 들을 때 숨통이 트이는 느낌을 받은 거지. 그렇게 남몰래 한 '덕질'을 글로 쓰면서 표현하다 보니 자연스럽게 전공으로 삼겠다고 결심까지 하게 됐어. 채윤이는

지금 대학교에서 재즈 피아노를 전공하고 있어. 재즈를 공부하면서 부딪히는 것들을 여전히 글로 남기고 있고.

빅터 프랭클, 수용소에서 책을 쓰며 살아남다

빅터 프랭클(Viktor Frankl)이라는 정신과 의사를 아니? 이 사람만큼 혹독한 인생을 산 사람도 드물어. 프랭클은 제2차 세계대전 당시 유대인이라는 이유로 아우슈비츠 수용소로 이송되었어. 수용소에 들어가기 전까지 그는 몇 년간 정신과 의사로서 연구한 것들을 책으로 썼는데, 출간 직전의 원고를 외투 안감에 넣고 꿰매서 수용소로 들어갔지. 아우슈비츠에 도착하자마자 수중에 갖고 있던 물건을 모두 내놓아야 했어. 프랭클은 외투 속에 숨겨온 그 원고를 갖고 있게 해달라고 애원했지만 돌아온 것은 욕설과 주먹질이었지. 결국 그는 원고를 압수당하고 옷이 벗겨진 채로 몸에 난 털이란 털은 모조리 깎여 샤워실로 들어가야 했어.

프랭클은 절망했지. 원고를 자기 자식처럼 아꼈으니까. 사실 프랭클은 수용소에 들어오기 전에 아내의 뱃속에 있는 아이를 지울 수밖에 없었어. 수용소에서는 아이를 키울 수 없으니까. 그런데 자신의 정신적인 자식이었던 원고까지 빼앗겼으니 얼마나 원통했겠어. 샤워를 마친 프랭클이 해야 했던 일은 가스실에서 죽은 희생자들의 낡은 옷더미에서 자신에게 맞는 옷을 구하는 것이었어. 그는 얇은 외투 한 벌을 찾아 입었는데, 옷 주머니 속에 종이 한 장이 손에 잡히더래. 유대교의 기도문 가운데 가장 중요한 '셰마 이스라엘(Shema Yisrael)'이었는데 '실천하라'는 의미를 담고 있지. 그건 분명한 메시지였어. 원고에 적은 이론을 수용소에서 실천해 보라는 의미였지.

프랭클은 사람이 살아가는 가장 중요한 이유를 '의미'에 있다고 보았어. 그는 그 이론이 실제로 수용소라는 극한의 상황에서 적용되는지 관찰하고 기록하기로 마음먹었어.

아우슈비츠에서의 생활은 처참했어. 먼저 프랭클은 강제수용소에서 자신의 심리가 어떻게 변화되어 가는지 관찰했지. 그러면서 다른 수감자들과 나치에 협력하는 유대인 카포(Kapo, 우두머리)의 심리도 유심히 살폈어. 실제로 수감자들의 생존 확률은 5퍼센트도 채 안 되었는데, 어떤 사람이 죽지 않고 살아남는지 연구하기로 했지. 그가 예상했던 대로 '나에게는 꼭 해야 할 일이 남아 있다'는 '의미'를 믿는 사람일수록 생존 확률이 높다는 걸 알게 됐어. 프랭클에게 삶의 의미는 그렇게 관찰한 것들을 글로 써서 세상에 전하는 것이었어. 처음에는 종이를 구할 수 없어서 마음속으로 일기를 쓰고 몇 번씩 되뇌어서 기억했고, 나중에는 작은 종잇조각에 속기로 기록했어. 발진티푸스에 걸려 사경을 헤맬 때도 그는 밤새도록 글쓰기에 몰두해 살아남을 수 있었지.

그리고 몇 년 뒤 마침내 해방이 되었어. 당시 프랭클의 몸무게는 37킬로그램 정도로 매우 처참했지. 게다가 수용소에서 어머니와 아버지, 아내까지 모든 가족이 목숨을 잃었다는 사실을 알게 되었어. 그가 수용소에서 버틸 수 있었던 건 가족을 꼭 다시 만나겠다는 희망과 해방 후에 책을 쓰겠다는 목표 때문이었는데, 살아야 할 이유의 절반이 사라져 버린 거야. 프랭클은 심각한 우울증 상태에 빠졌고, 몇 달 후엔 자살하기로 마음먹었지. 그런데 그에게는 아직 해야 할 일이 남아 있었어. 수용소에서 관찰하고 기록한 것들을 책으로 내는 것. 그는 책을 다 쓸 때까지는 자살을 유보하기로 결심해. 그리고 책을 완성하는 데 미친 듯이 몰두하면서 상실감이 조금씩 치유되었지. 결국 그는 책을 내고 나서도 계속해서 글을 썼고, 평생 30여 권의 책을 출간해 전 세계의 많은 사람에게 희망을 주었어.

일기, 자신과 대화 나누기

채윤이처럼 갭이어 기간 동안 글쓰기를 하면서 자신을 깊이 이해하는 건 참 좋은 방법이야. 에프터스콜레나 전환학년제, 우리나라의 오딧세이 학교나 꿈틀리 인생학교 등에도 글쓰기가 정규 수업 과정으로 있지. 실제로 삼촌이 《위대한 멈춤》을 쓰면서 조사한 40명의 인물들 중에 갭이어 동안에 가장 많은 사람이 선택한 도구가 바로 글쓰기야.

왜 이렇게 다양한 사람들이 갭이어 동안에 글을 쓰는 걸까? 아마도 글이 가지는 '거울' 같은 속성 때문일 거야. 글쓰기는 자기 내면을 들여다보기에 좋은 도구야. 아무도 보지 않는 공간에 자신의 내밀한 이야기를 풀어놓고 가끔씩 읽어 볼 수 있다는 건, 자신을 들여다볼 수 있는 가장 솔직한 방법이지.

이때의 글쓰기는 SNS에 쓰는 글과는 질적으로 달라. 페이스북이나 트위터, 블로그에 올리는 글의 내용은 다양하지만 한 가지 공통점이 있어. 자기를 포장하고, 남의 시선을 의식한다는 점이야. 과연 100퍼센트 솔직한 내 모습을 SNS에 드러낼 수 있을까? 갭이어의 글쓰기는 이것과는 아주 달라. 아니, 아예 정반대지. 자신을 밖으로 드러내는 것이 아니라, 철저하게 내면을 들여다보는 거지. 일기와 비슷해.

일기를 자주 쓰는 편이니? 어렸을 적 선생님에게 받은 숙제처럼 쓰는 일기 말고, 채윤이처럼 아무도 보여 주지 않을 곳에 솔직한 감정을 쏟아내는 그런 일기 말이야. 삼촌은 꽤 오랫동안 그런 일기를 쓰고 있어. 어렸을 적에는 밤에 주로 적었는데, 10년 전부터는 아침에 적고 있어. 내 랩탑 컴퓨터는 켜자마자 '한 문단 일기(1Paragraph Diary)'가 화면에 뜨도록 설정되어 있어. 그래서 하루 일과를 시작하기 전에 20~30분 정도 간단한 일기를 쓰곤 해. 밤에 쓸 때는 주로 반성문 조의 다소 우울한 글을 썼었는데, 아침에 쓰니까 희망찬 내용을 적게 되더라. 오랫동안 일기를 쓰면서 한 가지 깨달은 게 있어. 일기는 자기 자신과 친해지는 과정이라는 거야. 어떤 사람이든 깊이 대화해 보지 않으면 친한 친구가 될 수 없듯이, 일기를 통해 나 자신과 대화하다 보면 자기 자신을 더 잘 이해하고 적극적으로 사랑하게 돼.

일기 쓰기에 정답은 없어. 내가 원하는 방식으로 즐겁게 쓰면 돼. 꼭 글로 적어야 하는 건 아니야. 핸드폰에 음성 녹음하거나 영상으로 남기는 것도 좋은 방법이야. 마음에 드는 방식으로 써야 즐길 수 있어. 즐길 수 있어야 오래 할 수 있고.

만약에 의무감 때문에 선뜻 일기 쓰기를 시작하지 못했다면 이런 부담을 이겨내는 한 가지 방법을 알려줄게. 삼촌처럼 한 문단 일기를 쓰는 거야.

한 문단 일기는 쉽고 단순해. 3~4줄의 한 문단만 쓰면 돼. 그 정도면 3분도 채 걸리지 않아. 부담이 없으니 언제든 시작할 수 있고, 매일 할 수 있지. 이순신 장군의《난중일기》를 본 적 있니? 우리가 흔히 보는《난중일기》는 일종의 축약본이야. 원문은 더 길어. 왜인 줄 아니? 날짜의 절반 정도가 "○월 ○일, 동헌에 나가 공무를 보았다" 이런 식으로 딱 한 줄이야. 삼촌은 처음엔 이해하지 못했어. 이럴 거면 왜 일기를 쓰는 거지? 그것도 전쟁 통에? 그런데 한 문단 일기를 쓰다 보니까 그 이유를 확실히 알겠더라. 일종의 '스몰 빅(Small Big, 큰 변화를 일으키는 작은 시도)' 효과야. 이순신 장군은 임진왜란 중에도 일기를 통해 자신을 들여다보고 정신을 맑게 하고 싶었던 거야. 매일 한 줄만 적으면 되니까 부담 없이 시작할 수 있고, 그러다 영감이 떠오르는 날엔 몇 장이고 써 내려가면서 지금의 상황과 나를 돌아보는 거야.

한 문단 일기는 정말 솔직하게 써야 해. 얼굴을 화끈거리게 했던 사건, 누군가를 죽이고 싶은 마음이 들 정도로 미웠던 감정을 털어놓는 거야. 이것은 엄마가 한 번쯤 읽어 주기를 바라는 그런 일기가 아니야. 심한 욕설이나 성적인 상상을 써도 좋아. (물론 보안에는 각별히 신경 써야겠지?) 무슨 글이든 감정의 뼛속까지 내려가서 쓰면, 그 글에는 에너지가 담겨서 결국엔 나를 변화시키는 힘으로 작용해. 스트레스도 날아가고. 대나무 숲에서 "임금님 귀는 당나귀 귀다!"라고 외치는 장면을 상상해 봐.

추천하고 싶은 방법은, 삼촌처럼 매일 아침 하루를 시작하는 '의식(ritual)'으로 써 보라는 거야. 밤에 쓰면 부정적인 감정이 들거나 감성에 휘둘리는 경향이 있으니까. 피곤은 풀렸는데 정신은 느슨한 상태인 이른 아침이 가장 좋은 때야. 마음껏 상상할 수도 있고, 하루를 계획할 수도 있고, 집중해서 무언가를 하기 전의 워밍업으로도 도움이 되거든.

어떤 방법으로 쓰든 일기는 사라져 가는 것들을 기억하게 하고, 잊힌 것들을 다시금 존재하게 해. 나아가 자신과 깊이 대화하게 해 주지. 갭이어의 핵심은 결국 자기 성찰이야. 나를 돌아보는 방법으로 일기만큼 확실한 것도 없어. 일상에서 누구나 매일 실천할 수 있으니까!

10대에 자서전을 써 보자

세계사는 세계의 역사고, 국사는 한 나라의 역사지. 역사 속의 훌륭한 인물들의 이야기는 인상적이긴 하지만 나를 근본적으로 바꾸지는 못해. 왜냐하면 히스토리(history)는 결국 히-스토리(he-story, 그 사람의 이야기)일 뿐이니까. 히스토리가 아니라 내가 직접 체험한 미-스토리(me-story)를 써내려 갈 때 비로소 나의 역사가 만들어져. 기록이 없으면 역사도 없어. 갭이어 동안에 자신이 지금까지 살아온 역사를 기록해 보면 어떨까? 자서전을 써 보는 거지. 내가 기억나는 때부터 지금까지, 한 해씩 돌아보면서 생각나는 장면들을 기록하는 거야. 어때?

나의 이야기는 너무 평범해서 기록할 가치가 없다고, 혹시 그런 생각을 하니? 정말 그럴까? 어쩌면 지금껏 기록하지 않아서 나를 평범하다고 느끼는 것은 아니고? 대단하고 극적인 경험만 글로 쓸 가치가 있다고 생각할지 모르지만, 평범한 경험에서도 인생을 바꿀 깨달음을 얻을 수 있어. 그 경험을 어떻게 해석하느냐의 문제지.

예를 들어 평범한 변호사였던 간디(Mahatma Gandhi)는 남아프리카공화국의 한 기차역에서 1등석 기차표를 가지고 있었지만 흑인이라는 이유로 3등석으로 가라는 말을 듣고 반항하다가 쫓겨났어. 사실 당시의 남아프리카공화국에서는 흔한 일이었지. 그런데 간디는 그날 이런 생각을 해. '신은 왜 나를 이런 사건에 휘말리게 했을까? 분명 무언가 뜻이 있을 거야.' 마침내 그 생각은 간디를 인권운동으로 이끌었지. 경험 자체가 아니라, 그것을 해석해서 얻은 깨달음이 인생 전체를 바꾼 거야.

자서전을 쓴다는 건, 내가 가진 특별한 경험을 나열하는 게 아니야. 평범한 경험들을 곱씹어 보면서 그 경험들이 내게 어떤 영향을 미쳤는지를 돌아보는 거지. 채윤이가 글을 쓰면서 예중 시절 받았던 상처와 낮아진 자존감을 껴안은 것처럼, 경험을 떠올리면서 그때의 감정을 솔직하게 적는 것만으로도 큰 변화를 맞이할 수 있어. 어떤 경험이든 그것을 의미 있게 만드는 것은 성찰이니까. 글을 쓰면서 그 의미를 반추해 보지 않으면 변화는 시작되지 않지.

갭이어 동안 너의 자서전을 써 봐. 과거를 편안하게 짚어 보기 위해 한 해씩 나누어서 사건들을 적어보는 게 도움이 될 거야. 일곱 살 때는 무슨 일이 있었는지, 어떤 느낌이 들었는지, 초등학교에 입학해서는 어떤 기분이었는지 짚어 가면서 기억나는 사건들을 기록해 보는 거지. 만약 글로 표현하기 어렵다면 사진과 그림으로 표현하는 것도 방법이야. 커다란 종이 한 장에 삶의 여정을 지도처럼 그려 보는 거야. 강물이나 나뭇가지 같은 이미지를 사용하는 것도 도움이 돼. 내 삶의 여정을 강물에 비

유한다면 원류는 어디일까? 이때 나의 삶은 넓었을까, 얕았을까? 폭이 넓었을까, 좁았을까? 깊이가 얕았을까, 깊었을까? 바다는 어디이고, 지금 나는 어디쯤에 와 있을까? 이런 식으로 떠오르는 장면을 그림과 글로 자유롭게 기록해 보는 거야.

자기 나름대로 질문들을 만들고 거기에 답을 해 보는 방법 역시 삶을 돌아보는 데 큰 도움이 돼. 예컨대 삼촌의 스승이었던 작가 구본형 선생님이 내게 처음으로 내어 주신 숙제는 아래 열 가지 질문에 대해 20페이지 정도로 답을 적어 오는 것이었어.

- 나의 탄생에 대한 일화는 무엇인가? (예를 들면 태몽, 어머니가 기억하는 자신의 탄생 이야기, 혹은 자신이 기억하는 가장 최초의 이야기 등.)
- 인생에서 자신의 힘으로 이뤄낸 가장 빛나는 성취 세 가지는 무엇인가? 왜 그것이 그토록 나에게 소중한가?
- 본인에게 책임이 있다고 여기는, 가장 가슴 아픈 장면 한 가지는 무엇인가?
- 타인에 비해 상대적으로 우수한 재능이나 기질 세 가지는 무엇인가?
- 본인이 가지고 있는 기질적 단점은 어떤 것이 있는가? 극복하기

위해 무엇을 해 왔는가?

- 나는 어떤 취미와 특기를 가지고 있는가? 왜 그것에 흥미를 느끼는가?
- 사람과의 관계에서 중요하게 생각하는 것은 무엇인가? 왜 그 생각을 갖게 되었는가?
- 지금껏 사회에 가장 크게 공헌한 것은 무엇인가? 앞으로는 어떤 공헌을 하고 싶은가?
- 가장 감명 깊이 읽었던 책 한 권과 영화 한 편은 무엇인가? 왜 그것이 감동적이었는가?
- 내 인생에서 가장 중요한 스승이나 역할 모델이 되었던 한 사람은 누구인가?

미래 일기, 내가 보고 싶은 열 가지 장면 그리기

"인간이란 어떤 존재일까?" 철학적인 질문이지? 삼촌은 이 어려운 질문에 "인간은 잊지 못할 순간과 장면으로 엮어진 스토리"라고 답하겠어.

네 삶의 최고의 장면은 무엇이었니? 살면서 '최고의 순간'

이라고 꼽을 만한 순간은 언제, 어디서, 누구와 함께였니? 만약 빛나는 장면 하나를 떠올리기 어렵다면, 그건 슬픈 일이야. 하지만 끝나 버린 비극은 아니야. 진짜 인생의 비극은 앞으로 맞이할 미래에 그런 소중한 장면 하나를 만들지 못하는 거지. 지금부터 시작해도 늦지 않아. 자신의 스토리를 갖지 못하면 다른 사람이 짜 놓은 이야기대로 살게 돼. 우리에게 꿈이 중요한 이유지.

이제 과거를 넘어 미래를 향해 기록해 보렴. 자서전을 쓰면서 걸어온 길을 들여다보면, 자연스럽게 내가 원하는 삶이 어떤 것인지에 대해 생각해 볼 수 있을 거야. 앞으로 꿈꾸는 삶은 무엇이니? 앞으로 10년간 어떤 장면과 순간을 경험하고 싶니? 상상의 나래를 펼쳐서 가장 맞이하고 싶은 장면을 글로 포착해 봐.

삼촌이 한 가지 추천하는 방법은, 과거형으로 적어보는 거야. 마치 진짜로 있었던 일을 기억해서 말해 주는 것처럼 미래의 이야기를 과거형으로 쓰면 정말 네가 원하는 모습이 사언스레 글에 담기게 돼. 크리스토퍼 놀란(Christopher Nolan) 감독의 영화 〈테넷〉에는 인버전(inversion)이라는 흥미로운 개념이 나와. 시간이 미래에서 과거로 거꾸로 흐르는 상태지. 아주 먼 미래의 사람이 개발한 '회전문'을 통과하면 마치 필름을 거꾸로 돌리듯 과거로 돌아가지. 네가 그 회전문을 통과해서 시간을 되돌려서 미래에서 지금으로 왔다고 상상해 보렴.

"이해하지 말고 느껴!"라는 〈테넷〉의 대사처럼, 미래 일기를 쓸 땐 감정이 중요해. 정말로 일어난 것처럼 아주 구체적으로 솔직하게 쓰다 보면 스스로 감동하는 때가 올 거야. 마치 네가 상상한 전체가 당연한 것이고, 이미 실제로 일어난 것처럼 감동하면서 쓰는 거지. 그렇게 쓴 글은 하나의 씨앗으로 마음에 심어져서 결국 열매가 맺히게 될 거야.

흔히 "인생은 한 권의 책과 같다"고 말해. 인생이 어떤 책이든, 그것은 아직 완성되지 않은 책이야. 온전히 내가 한 단어, 한 문장, 한 페이지씩 써야 완성되는 책이지. 그러니 스스로에게 물어보렴. 내 인생이 한 권의 책이고, 내가 그 책의 저자라면 무엇을 어떻게 쓸 것인가 하고 말이야.

3

여행

여행 전과 여행 후의 나는

같지 않다

*

여행은 낯선 곳에 나를 놓아보는 일종의 실험이야.
무수히 우연한 사건과 만남들에 부딪혀 보는 거지.
나를 아는 사람도 없고, 평가할 사람도 없으니
다른 사람의 시선에서도 자유롭지.

서와는 초등학교를 졸업하고 홈스쿨링을 시작했어. 당시는 우리나라에 '홈스쿨'이라는 단어조차 생소하던 시절이었지만, 교육에 관심이 깊으셨던 부모님의 권유로 시작하게 되었지. 그런데 막상 시작하고 보니 처음엔 무엇을 해야 할지 모르겠는 거야. 부모님은 시간표를 짜 주거나 하지 않으시고, 가만히 뒤에서 서와가 스스로 계획하고 시작하기까지 기다려 주셨어.

당시 서와네 집은 학원이 밀집한 동네에 있었는데, 밤늦도록 꺼지지 않는 학원 불빛이 하는 일 없이 하루를 흘려보낸 서와의 마음을 더 어둡게 만들었어. 도피하는 마음으로 보곤 했던 TV와 게임 모니터 화면을 끄고 나면, 슬며시 불안한 마음이 덮치곤 했지. 서와는 길고 긴 자유 시간을 보낼 특별한 방법이 필요했어. 고민 끝에 처음 생각한 것이 동네를 산책하는 거였대. 서와는 걷는 걸 좋아했으니까 운동도 할 겸, 매일 한두 시간씩 동네를 탐험하듯 걸어 다녀보기로 한 거야.

서와는 아침 일찍부터 동네를 걸었어. 가보지 않은 구석구석을 걷다 보니 '여기에 이런 집이 있었네?' 하면서 익숙하던 동네를 새롭게 알게 됐어. 차를 타고 다닐 땐 보지 못했던 여러 풍경들이 보였지. 한두 시간을 쉬엄쉬엄 걷다 보면 혼자 생각에 잠기기도 하고, 아무 생각 없이 풍경을 바라보기도 했는데, 그 시간이 참 좋았어. 그냥 걷는 것만으로도 하루가 가득 차오르는 느낌이랄까…. 그렇게 정처 없이 걷다 보면 마음속으로 질문들이 하나둘 떠오르는 거야. '나는 어떤 사람일까? 무엇을 할 때 즐겁고, 무엇을 하며 살고 싶지?'

그런데 선뜻 대답이 떠오르지 않았어. 바쁘게 학교를 다닐 때에는 한 번도 그런 질문을 나 자신에게 해 보지 못했던 거지. 그때 깨달았어. 내가 나를 잘 모르고 있었다는 걸 말이야. 익숙한 골목길처럼 구석구석 잘 안다고 생각했는데 '무얼 하고 싶어?' 같은 간단해 보이는 질문에도 선뜻 답이 떠오르지 않았으니까.

홈스쿨링을 시작하면서 서와는 '학교너머'라는 학교 밖 청소년들의 모임에 자주 나갔어. 서와가 걷기의 매력에 푹 빠져 있을 때쯤, 학교너머의 길잡이 선생님들이 '공감유랑단' 여행을 모집하는 걸 알게 되었어. 무려 300일 동안 버스 한 대로 전국을 유랑하는 엄청난 프로젝트였지. 서와는 두근거리는 마음으로 합류하기로 했어. 선생님 3명, 청소년 18명이 함께 가게 되었지. 후원을 받아 공매로 산 경찰 버스를 하얀색으로 페인트칠하고 함께하는 모두의 손바닥을 찍고서 '공감버스'는 출발했어.

공감유랑단의 가장 큰 주제는 '자립.' 자신의 길을 찾아가기 위한 여행이었고, 자신의 힘으로 살아내는 생존이기도 했지. 거의 1년간 여행하려면 돈이 필요했는데, 자립이라는 주제에 맞게 스스로의 힘으로 돈을 벌었어. 시골을 다니면서 고추를 심거나 모판을 만드는 농사일부터 청소하는 일, 손바느질로 만든 소품을 판매하는 일 등을 했지. 여행 경비를 벌기 위해 농사일을 할 때는 학생들이 머물 공간으로 농막을 빌려주는 곳이 많아서

여러 가지로 도움이 되었어. 거리 공연을 하며 공감유랑을 알리고 후원을 받기도 했는데, 꼭 돈이 아니더라도 먹거리나 물건을 나눔 받기도 했대.

그러다 여행 중간 즈음에 "우리가 일하려고 공감버스에 탄 게 아니잖아요?" 하는 불평이 터져 나왔어. 그들은 함께 모여서 회의를 했지. 이렇게 노동하는 시간이 우리에게 어떤 의미일까? 그때 한 친구가 이렇게 말했어. "'노동'은 세상에서 사라지지 않을 낱말 가운데 하나 아닐까요? 노동은 세상을 살아가기 위한 방법이고, 우리가 자립해 나가는 길이라고 생각해요."

서와는 그 말에서 많은 걸 느꼈어. 몸으로 땀 흘려 일하는 사람들을 사회는 낮춰서 보는 경향이 있잖아. 서와도 이전까지는 그랬대. '노동자'라고 하면 까만 얼굴에 지친 표정부터 떠올랐으니까. 그런데 가만 생각해 보니 우리가 누리는 모든 것이 누군가의 땀으로 이루어졌던 거였어. 그때부터 서와는 일하는 사람들의 까만 얼굴이 환해 보이기 시작했지. 칙칙하다고 생각해 온 그 분들의 손에서 우리 삶이 일구어지고 있었다는 걸 깨달은 거야.

300일을 여행하면서 서와는 많은 사람을 만나고, 많은 일을 겪었어. 그리고 그 모든 걸 글로 적기 시작했지. 글을 써야겠다는 의무감 때문이 아니라, 여행에서 만나는 사람과 자연, 노동과 삶, 그 모든 여행길이 자연스럽게 서와를 글로 이끈 거야. 흔들리는 버스 안에서 삐뚤빼뚤한 글씨로 여행기를 적어 내려갔어. 어떤 때는 떠오르는 단어들을 엮어서 시로 적곤 했는데 유랑을 마칠 때쯤엔 시집 한 권을 엮을 수 있을 정도였지. 서와는 시집의 제목으로 '오늘을 사는 사람'이라는 뜻을 담아《오늘살이》로 지었어. 흘러간 어제도 있고 다가올 내일도 있지만, 자신이 살아가는 시간은 언제나 '오늘'이니까. 오늘 행복할 수 있다면 내일도 행복할 수 있을 거라는 생각이었지.

2011년 3월 3일부터 12월 13일까지, 우리나라에서 가장 먼저 벚꽃이 피는 남쪽 섬 제주부터 가장 오랫동안 눈꽃이 머무는 강원도 양구까지 서와는 친구들과 함께 전국 방방곡곡을 누볐어. 그 기억들은 서와의 영혼에 깊이 각인되었지. 그 여행으로 삶을 바라보는 시각과 사람을 대하는 태도가 많이 달라졌어.

서와는 지금 무슨 일을 하고 있을 것 같니? 바로 농부 시인이야. 공감유랑에서 느꼈던 농사일의 즐거움, 글쓰기의 즐거움을 모두 누릴 수 있는 직업을 갖게 된 거야. 경남 합천에서 200평의 조그만 고구마밭으로 시작해 지금은 1,000평이 넘는 밭에 다양한 작물을 심고 있어. 그리고 시인으로서 〈생강 밭에서 놀다가 해가 진다〉는 시집을 내기도 했지. 삼촌도 읽어 봤는데, 20대에 어쩌면 그렇게 아름답고 소박한 언어를 품을 수 있는지, 그저 부러웠어. 그리고 지금 네가 읽고 있는 이 책의 후속편인 《나를 찾는 여행 쫌 아는 10대》의 작가진으로도 합류했어. 멋있지?

조셉 자보르스키, 여행을 통해 동시성에 눈뜨다

“우리 이혼해요. 사랑하는 사람이 있어요.”

평화롭던 저녁이 아내의 한마디에 산산이 부서졌어. 20년간의 결혼 생활이 허망하게 끝나는 순간이었지. 조셉 자보르스키(Joseph Jaworski)가 아내에게 이 말을 듣기 전까지 그의 삶은 완벽에 가까웠는데 말이야. 그는 아름다운 동네에 넓고 안락한 집을 가진 크게 성공한 변호사였고, 승마를 좋아해서 경주마 목장도 가지고 있었지. 하지만 아내의 이혼 요구는 완벽했던 그의 세계를 무너뜨렸어.

그는 이혼이 진행되는 몇 달 동안 속이 뒤집힐 만큼 서럽게 울었어. 가족을 잃게 된 슬픔 때문이기도 했지만, 한편으로는 생각 없이 바쁘게만 살아온 과거에 대한 후회 때문이었지.

몇 달간 그렇게 울고 나니 훌쩍 여행을 떠나고 싶어졌어. 그는 아무런 계획없이 그냥 우연한 사건들이 이끄는 대로 내버려두는 여행을 해 보기로 마음먹었어. 무작정 짐을 챙겨 프랑스로 훌쩍 떠났지. 간단한 배낭 하나만 들고 7주 동안 계속된 이 여행은 그의 삶을 완전히 바꿔 놓았어.

그는 어느 날 우연히 사르트르 대성당에 들어가서 아름다움에 넋을 잃고 둘러보다가 신비한 체험을 하게 돼. 갑자기 자신의 영혼이 주변의 모든 것들과 하나가 되는 듯한 일체감을 경험하게 된 거지. 말로 표현할 수 없는 황홀함에 사로잡혀 하루를 꼬박 성당에 머물며 경외감에 빠져 있었어. 마치 자신이 전혀 다른 에너지장 속에 들어와 있는 것만 같은 이상하면서도 놀라운 체험이었지. 자보르스키는 이런 황홀감이 계획하지 않고 '우연이 이끄는 대로 내버려 둔' 덕분이라고 생각했어. 그래서 남은 여행 기간 동안 우연한 사건들에 몸을 맡겨 보기로 했지.

그러던 어느 날 그는 프랑스 칸의 작은 레스토랑에서 심리학자 에리히 프롬(Erich Pinchas Fromm)의 《사랑의 기술》을 읽다가 잠시 창문 밖으로 시선을 두었는데 지나가는 커다란 갈색 눈의 여성과 눈이 마주친 거야. 그는 어색한 듯 가벼운 미소를 보냈고 다시 책에 집중했지. 10분쯤 지났을까, 고개를 들어 보니 아까 그 여성이 합석해도 되겠느냐고 묻는 거야. 사실 그녀는 여태껏 한 번도 낯선 남자에게 먼저 다가가 말을 건 적이 없었대. 그런데 이날은 왠지 그러고 싶었고, 그래야만 할 것 같았다고 말했어. 그 말에 두 사람은 함께 웃었고, 친구가 되어 며칠 동안 함께 여행했지. 그들은 인생에 대한 진지한 이야기를 나눌 만큼 가까워졌고, 그건 마치 그녀를 만났던 날 자보르스키가 읽고 읽던 책《사랑의 기술》에서 말하는 원칙들을 실천에 옮겨 보라고 누군가 만들어 준 기회 같았어.

그녀는 여행 마지막 날에 자보르스키가 자신의 인생에 깊은 영향을 미쳤다고 고마워했고, 누군가에게 그런 말을 들은 것은 처음이었기에 그는 기쁨에 겨워 눈물을 흘렸어. 그렇게 두 사람은 평생의 친구가 되었지.

여행에서 돌아온 후로 자보르스키의 삶은 완전히 달라졌어. 20년간 해온 법률회사를 그만두고 새로운 미래를 감지하고 창조하는 능력을 사람들에게 가르치는 리더십 포럼을 만들기로 한 거야. 경험도, 구체적인 계획도 없었지만 여행에서 경험했던 '의미 있는 우연'들이 자신을 그렇게 이끌어 주리라고 굳게 믿었지. 실제로 그는 여러 가지 우연한 만남들을 통해 '아메리칸 리더십 포럼'을 만들었고 세계적인 리더십 분야 전문가가 되었어.

'나'를 찾아가는 순례

사람들에게 "불치병에 걸려 시한부 인생을 살게 된다면 무엇을 할 것인가?"라고 물었더니 가장 많이 나온 답변이 무엇인 줄 아니? 그래, 바로 여행이야. 그만큼 사람들은 여행을 좋아하고 의미를 부여하지. 왜 그럴까? 여행의 어떤 점이 사람을 끌어당기는 것일까?

여행은 낯선 곳에 나를 놓아보는 일종의 실험이야. 무수히 우연한 사건과 만남들에 부딪혀 보는 거지. 나를 아는 사람도 없고, 평가할 사람도 없으니 다른 사람의 시선에서도 자유롭지. 나를 규정하던 역할에서 벗어나 남들 모르게 꽁꽁 감춰 두었던, 나도 모르게 꾹꾹 눌러 두었던 '나'를 마음껏 꺼내 볼 수 있거든. 또 예기치 못한 사건들에 부딪히면서 낯선 것에 반응하는 새로운 나를 만나게 되지. 새로운 환경이 새로운 나를 소환하는 거야. 서와는 공감유랑 전에는 자기가 농사를 짓게 되리라곤 생각해 본 적이 단 한 번도 없었는데, 여행에서 경험한 시골과 노동을 통해 흙을 만지며 일하는 즐거움을 알게 된 거지.

여행을 하다 보면 '나한테 이런 면이 있었나?' 하고 자신의 새로운 모습을 발견할 때가 많아. 그런데 자세히 살펴보면 그 모습은 전에 없었던 모습이 아니야. 때때로 빛을 발하다가도 이내 사회적인 '가면' 뒤로 숨어 버려서 알지 못했던 내 모습이지. 그러니까 여행은 사람을 변하게 하는 게 아니라, 가라앉아 있던 나의 여러 모습을 수면 위로 떠올려 주는 거야. 한마디로 '여행은 잃어버렸던 나를 다시 찾는 과정'이지.

흔히 여행을 밖으로 돌아다니는 것이라 생각하지만, 이건 절반의 진실이야. 나머지 절반은 우리의 내면에서 여행이 진행되지. 진짜 여행은 밖에서 시작해서 안으로 깊숙이 들어가는 과정이야. 바깥세상을 향해 떠나는 여행에는 목적지가 있지만, 갭이어의 여행은 목적지가 밖에 있지 않아. 자기 자신이 여행의 목적지라고 할 수 있어. 우리는 자신을 되찾기 위해, 숨겨져 있는 자기와 만나기 위해 여행해. 이런 여행은 새로운 나로 나를 가득 채우는 시간인 거야.

'동시성'을 따라가는 여행

우리가 평소에 여행을 떠나는 이유는 일상의 스트레스를 훌훌 털어 버리기 위해서야. 그런데 갭이어 기간 동안의 여행은 편안함과는 거리가 멀어. 오히려 모험에 가깝지. 낯선 곳을 떠돌고 탐사해야 숨겨져 있던 나의 진면목을 찾을 수 있어. 갭이어의 여행자는 가이드북에 나오는 정해진 코스를 쫓아다니지 않고, 나침반 하나만 들고 미지의 세계로 뛰어드는 탐험가가 되어야 해. 죽을 고비를 넘기는 오지여행을 하라는 말이 아니야. 적어도 가이드에 의존하거나 정해진 길을 쫓아 바삐 다녀서는 안 된다는 이야기야.

그러면 무엇을 기본으로 길을 찾아가야 할까? 삼촌은 갭이어 여행에서 나침반은 '동시성(synchronicity)'라고 생각해. 동시성은 마음속에서 일어나는 일과 외부 사건이 의미 있게 연결되는 것을 말해. 쉽게 말해 자보르스키가 경험한 그런 '의미 있는 우연' 말이야. 논리적으로 설명할 수는 없지만 이상하게 딱 맞아 떨어지는 일들이 삶의 중요한 순간에 종종 일어나거든.

앞서 살펴보았던 빅터 프랭클은 사실 미국 비자가 있었기 때문에 미국으로 떠났더라면 아우슈비츠로 가지 않을 수도 있었어. 그런데 연로한 부모님이 마음에 걸렸던 거야. 부모님은 미국 비자를 받지 못했으니까 강제 수용소로 끌려가게 될 게 뻔했거든. 그는 이 문제를 고민하며 집으로 돌아왔는데 탁자에 작은 대리석 조각이 놓여 있는 거야. 아버지가 근처 예배당에서 주워온 것인데, 그 대리석 조각에는 십계명 중에 한 계율이 적혀 있었어. 뭐라고 적혀 있었는지 아니? "네 부모를 공경하라"는 구절이야. 결국 프랭클은 그 동시성 때문에 부모님과 함께 오스트리아에 남기로 결정했지.

갭이어의 여행 동안에는 평소보다 이런 동시성 현상에 관심을 기울일 필요가 있어. 여행 중에 우연히 읽게 된 한 문장, 갑작스럽게 맞게 된 사고, 생각지 못했던 만남 등에 마음이 움직이면 그 경험을 끝까지 따라가 보는 거야. 이런 우연한 사건들은 보통 어떤 질문을 포함하고 있어. "왜 이 사건이 일어난 걸까?", "왜 이 사람이 내게로 온 걸까?" 이런 질문들을 따라가 보는 거야. 질문(Question) 안에는 탐험(Quest)이 내포되어 있으니까 말이야.

갭이어 여행을 위한 다섯 가지 팁

삼촌은 여행을 좋아해서 그간 많은 곳을 다녔어. 혼자서 태국 전역을 돌아다니기도 했고, 친구와 둘이서 전라남도의 유적지들을 돌아본 적도 있었어. 혼자서 게임할 때는 안 보였던 묘수가 친구 옆에서 훈수를 둘 때는 잘 보이는 것처럼, 여행을 떠나면 이전에 내가 머물렀던 자리가 안팎으로 잘 보여. 그동안 삼촌이 여행하면서 깨달은 몇 가지 팁을 소개해 줄게.

첫째, 갭이어 여행은 혼자서 하는 게 가장 좋아. 홀로 있으면 자연스럽게 자기를 돌아보게 되거든. 여러 가지 사건을 통해 마음에 드는 나, 또는 꼴 보기 싫은 나를 만나면서 조금씩 내가 어떤 사람인지 알아가게 돼. 만약에 혼자 여행하는 게 도무지 용기가 나지 않는다면, 가장 마음이 맞는 친구와 둘이서 떠나도 괜찮아. 이때 동반자는 아주 신중하게 선택해야 해. 여행 중에서는 '난 이걸 볼 거야', '난 이거 꼭 하고 싶어' 하는 서로의 욕심이 충돌하기 때문에 자칫 싸우거나 관계를 해칠 가능성이 있거든. 마음이 잘 통하고 장점이 서로 보완되는 사람과 함께해.

둘째, 짐은 내가 생각하는 '최소한'의 딱 절반 정도가 좋아. 꼭 필요하다고 생각하는 물건이 있다면 둘 중에 하나만 가져가는 거지. "배낭의 크기는 두려움의 크기와 같다"는 말을 들어 봤니? 초보 여행자일수록 여러 물건으로 불안감을 희석하지. 달팽이는 자기 몸보다 더 큰 집을 어떻게 평생 이고 다닐 수 있을까? 집 안에 아무것도 없기 때문이야. 여행자의 배낭은 달팽이 집과 같아야 해.

셋째, 걷는 게 성찰이고 배움이야. 가능한 많이 걸었으면 좋겠어. 서와가 걸으면서 익숙한 동네의 새로운 모습을 새롭게 많이 발견한 것처럼, 같은 공간도 걸어서 둘러보느냐, 차를 이용하느냐에 따라 전혀 다르게 다가와. 걷기란 가장 느리지만 가장 온전하게 관찰할 수 있는 조건을 만들지. 차만 타고 여행하면 여행 과정을 온몸으로 느낄 수 없어. 혼자서 걷다 보면 생각이 단순해지면서 마치 명상하는 것처럼 마음이 텅 빌 때가 있어. 이때 내 안에서 발견되기를 기다리며 묻혀 있었던 어떠한 깨달음이 찾아오지. 삼촌은 실제로 걷는 중에 어떤 책을 쓸지 중요한 깨달음을 얻는 경우가 많았어.

넷째, 독서와 글쓰기는 여행의 좋은 동반자야. 자보르스키가《사랑의 기술》을 읽은 것처럼, 많은 여행자들이 여행 중에 읽은 책이나 일기로 인생이 달라졌다고 말해. 삼촌이 추천하는 방법 중의 하나는 '현장 독서'야. 내가 가는 여행지와 관련된 사람의 책을 그곳에서 읽어 보는 거지. 삼촌은 예전에 순천의 송광사 불일암이라는 곳에 갔었어. 그곳은 법정 스님이 오래 기거하셨던 곳인데, 거기서 법정 스님이 쓰신 책을 펼치니 글자가 살아 있는 것처럼 생명력 있게 쏙쏙 마음에 들어오더라. 이미 읽은 책이었는데도 너무나 감격스러웠지. 삼촌이 10년이 넘게 지난 이때를 생생하게 기억하는 이유는 여행 중에 일기를 썼기 때문이야. 이렇게 독서, 글쓰기, 여행은 삼총사처럼 잘 어울리지.

소설가 마르셀 프루스트(Marcel Proust)는 "여행의 진정한 의미는 새로운 풍광을 보는 것이 아니라 새로운 눈을 가지는 데 있다"고 말했어. 여행에서 돌아온 나는 떠나기 전과는 다른 존재가 돼. 익숙한 세상을 다르게 보고 다르게 생각할 줄도 알게 되지. 여행으로 넓어진 마음만큼이나 생각도 깊어졌기 때문이야.

4

취미

하나에 몰입해서

나를 새롭게 창조한다

*

몰입감과 즐거움, 영감을 주는 취미는 최상의 취미야.

죽기 전까지 매일 하고 싶은 활동은 무엇이니?

큰 결과를 얻었을 때의 성취감 때문이 아니라,

하루하루 몰입하는 과정 그 자체가 기쁜 건 무엇이니?

신영이는 고등학교 1학년 때 학교를 자퇴했어. 책 읽는 걸 좋아하고 공부도 열심히 하는 모범생이었지만, 언젠가부터 '이대로 가다간 뻔하게 살겠구나' 하는 생각이 든 거야. 고3을 졸업하면 성적에 맞춰서 대학엘 가고, 스펙을 쌓고, 직장에 취직하고…. 어느 날 친구들에게 꿈이 뭐냐고 물어보았는데 공무원, 선생님 등 열 손가락에 들어갈 만큼 한정적인 걸 보면서 학교라는 기차에서 뛰어내려야겠다는 결심을 했어. 마침 아버지로부터 꿈틀리 인생학교라는 곳이 생긴다는 이야길 듣게 되었고 '1년간 하고 싶은 거 다 해 보자' 하는 마음으로 꿈틀리 1기로 입학하게 되었지.

꿈틀리에서 보낸 1년 동안 신영이는 학교에서는 해 보지 못한 것들을 정말 많이 했어. 농사도 지어보고 밴드 활동도 하고, 친구들과 여름엔 바가지로 물을 뿌리며 놀고, 겨울엔 눈밭에서 술래잡기를 하면서 실컷 놀았고. 비를 맞으면서 논두렁을 한없이 걷기도 하고, 옥상에서 별을 보며 밤새 수다를 떨기도 하고, 허브를 직접 키워서 차를 우려 마시기도 하고 말이야. 한 번도 춰 본 적 없는 춤을 추고 싶어서 댄스 동아리를 만들기도 했지. 그렇게 1년을 보내고 나니까 행복이 얼마나 중요한지, 내일부터 행복할 게 아니라 '지금, 여기'에서 행복한 것이 얼마나 소중한지 알게 되었어.

"꿈틀리를 졸업하고서 고등학교로 다시 돌아가면 내가 행복할 수 있을까? 그렇게 제게 물어보았는데 답은 '노(No)'였어요. 저는 오히려 더 행복해져야겠다고 생각했죠. 그래서 덴마크로 가서 폴케호이스콜레에 진학하기로 결심했어요. 1년간 검정고시, 영어 공부, 아르바이트를 병행하면서 돈을 모았죠."

폴케호이스콜레(Folkehøjskole)는 에프터스콜레의 성인 버전 학교로, 한마디로 어른들을 위한 인생학교야. 미술, 시 창작, 연극, 춤, 철학, 역사 등 다양한 수업을 선택해서 들을 수 있지. 신영이는 1년간 돈을 모아서 덴마크로 떠났고, 오더(odder)라는 100명 정도의 학생이 다니는 학교에 입학했어. 평소에 관심이 있던 미술과 영화 과목 등을 수강했는데, 그 중에서 옷을 직접 만들어서 입어 보는 패션 수업이 너무너무 재미있었어.

프로페셔널한 패션 수업이 아니라, 취미로서 자유롭게 옷을 만들 수 있다 보니 '잘 해야 한다'는 부담이 적었지. 자기가 만들고 싶은 옷을 가볍게 스케치해서 선생님께 보여드리면 함께 의논해서 옷을 디자인하고, 틀을 잡아 재단하고, 조금씩 수정해가는 과정이었는데 그렇게 재미있을 수가 없었어. 다른 학생들과 시장에 가서 원단을 사고, 작업실에 함께 모여 서로 도와주면서 옷을 만드는 과정 하나하나에 푹 빠져들었지. 처음에 신영이는 동양인인데다가 영어도 잘 못해서 학교에서 그리 주목받는 학생은 아니었는데, 자기한테 어울리는 옷을 직접 디자인해서 입으니까 사람들이 "너무 잘 어울린다"면서 신영이의 개성을 알아봐 주는 거야. 덴마크의 학생들은 패션 유행을 쫓기보다는 자기 개성에 맞게 옷을 입는 편인데, 그런 모습들도 신영이에게는 매우 인상적으로 다가왔지.

그러면서 자연스럽게 패션 관련 책과 잡지들을 보게 되었어. 원래도 책을 좋아했지만 관심 분야가 확 달라진 거지. 신영이가 특히 좋아했던 잡지는 창간된 지 130년이나 된 《보그(vogue)》였어. 여기에는 단순히 패션에 대한 정보만이 아니라 패션의 역사, 디자이너들의 생각과 철학 등이 담겨 있어. 《보그》

는 세계 26개국에서 각각 발행되었는데 특히 미국, 프랑스, 영국, 이탈리아 판이 유명하지. 신영이는《보그》가 지향하는 열려 있음, 꿈, 다양함 등의 가치를 기사로 읽으면서 언젠가 꼭《보그》에서 일하고 싶다고 생각했어. 특히《보그》미국 본사에서 33년간이나 편집장을 맡고 있는 안나 윈투어(Anna Wintour)를 보면서 그처럼 되고 싶다고 생각했지. 자기만의 롤 모델을 발견하게 된 거야. 이것은 학교를 스스로 떠났던 신영이가 대학교를 가야겠다고 결심한 계기가 되었지. 신영이는 대학교를 졸업하고《보그》프랑스나《보그》이탈리아에서 기자로 일하다가 반드시 거기서 '짱(편집장)'을 먹겠다고 다짐했어.

1년간의 폴케호이스콜레 과정을 마치고 신영이는 한국으로 돌아오자마자 공부에 매진했어. '패션'이라는 뚜렷한 목표가 생겼으니까. 자신이 선택한 것이니 누가 말려도 기어코 해낼 생각이었지. 신영이는 현재 바라던 대로 대학교에서 패션 디자인을 전공하고 있어. 보다 전문적인 세계에 발을 들이면서 새롭게 배우는 것이 많아졌어. 디자이너나 모델을 꿈꾸는 학과 친구들과는 달리 신영이는 패션에 대한 글을 쓰고 싶어 하니까 친구들과의 경쟁에서도 그리 스트레스를 받지 않아. 입시 미술을 했던 친구들은 자신의 숙제나 작품을 친구들에게 잘 보여 주지 않는데 비해, 신영이는 "얼마든지 보고 참고해. 나는 내가 즐거우면 그걸로 충분해"라고 쿨하게 생각해. 신영이는 오늘도 즐겁게 패션에 대한 공부를 넓혀가고 있어.

폴 고갱, 그림으로 인생을 새롭게 창조하다

프랑스의 위대한 화가 폴 고갱(Paul Gauguin)의 원래 직업이 화가가 아니었다는 사실을 알고 있니? 고갱은 서른다섯 살까지 평범한 직장인이었어. 증권거래소에서 일했는데, 일을 아주 잘해서 돈을 많이 벌었지. 사실, 고갱은 어렸을 적에 아버지를 여의고 홀어머니 밑에서 가난하게 살았었어. 그러다가 어머니마저 병으로 일찍 돌아가셨지. 죽기 전에 아들의 미래를 걱정했던 어머니는 자신의 친구인 은행가에게 아들의 장래를 부탁했고, 그래서 증권거래소로 취직하게 된 거였어. 고갱은 탁월한 재능을 발휘해서 유능한 중개인으로 많은 재산을 모았지.

그림에 관심을 갖게 된 것은 매우 늦은 나이였어. 처음엔 단순히 돈 많은 사람의 고상한 취미 정도로 그림을 수집했다가 나중엔 직접 그림을 그리게 되었지. 아주 어렸을 적부터 재능을 계발한 다른 화가들과는 달리 고갱이 처음 붓을 잡은 것은 스물여섯 살 때였어. 함께 은행에서 일하던 아마추어 화가 친구에게 주로 그림을 배웠는데, 둘은 일요일이면 교외로 나가 풍경화를 그리곤 했지. 그렇게 가벼운 취미로 시작한 그림은 점점 그의 마음을 사로잡아 갔어. 피사로(Camille Pissarro)라는 유명한 화가에게 그림을 배우면서 대회에 출품해 입상하기도 했지. 그는 한껏 고무되어서 일요일에만 하던 그림 작업을 토요일과 평일 퇴근 이후에도 했어. 그림에 점점 빠져들었던 거야.

그러다가 고갱이 서른네 살이 되던 해에 큰일을 겪게 돼. 세계 5대 강국인 프랑스 제국이 무너지면서 주식이 대폭락한 거야. 주식시장 붕괴로 고갱의 직업마저 흔들리자, 그는 경제적으로 매우 어려워졌어. 그때 고갱은 큰 결정을 해. 가족과 친구들에게 알리지도 않고 증권회사를 그만둔 거야. 고갱은 가족들에게 "지금부터 나는 매일 그림만 그리겠다"고 선언하고 미련 없이 전업 화가의 길을 선택하게 돼.

그런데 현실은 순탄치 않았어. 수많은 실업자와 폭등하는 파리의 물가 때문에 아이 넷을 키우는 중이었던 고갱은 금세 가난해졌지. 물가가 저렴한 시골 마을로 이사하고, 벽보 붙이는 일 같은 아르바이트를 했지만 생활은 나아지지 않았어. 결국 부인은 아이들을 데리고 처가로 떠나 버렸고 고갱은 홀로 남아 그림을 계속 그렸지. 궁핍과 외로움으로 힘들어하던 고갱을 구원해 준 건 역시 그림이었어. 그는 처음에 선언한 대로 매우 열악한 상황에서도 매일 그림을 그렸지. 고갱의 그림에 자화상이 많은 이유는 너무 가난해 모델을 구할 수가 없어서 거울 속에 비친 자신을 보며 그렸기 때문이야.

자연 풍경을 그리는 것 역시 모델료가 들지 않았기에 자주 그렸어. 고갱은 점점 때묻지 않은 자연을 그리는 것을 좋아하게 되었고, 오염되지 않은 순수한 원시의 자연을 그리기 위해 타히티로 떠났지. 원시의 숲에 작은 오두막을 짓고 강렬한 태양 아래의 풍경들을 그리기 시작하면서 고갱은 자신만의 화풍을 완성하게 돼. 살아생전에 고갱의 그림을 알아주는 사람은 드물었지만, 자신만의 기쁨으로 죽을 때까지 평생을 그림에 바쳤지. 늦은 나이에 취미로 그림을 수집하고 스케치하던 그가 대가(代價)가 될 수 있었던 건 취미에 모든 것을 바쳤기 때문이야.

취미가 주는 몰입, 희열감

신영이는 몇 년간 다양한 것을 배웠는데 왜 유독 패션 쪽에 끌렸을까? 무엇이 고갱이 인생을 바칠 만큼 그림에 미치도록 만들었을까? 삼촌은 '몰입'이 주는 행복감 때문이었다고 생각해. 긍정심리학 연구에 따르면 사람들은 무언가에 깊이 몰입할 때 행복을 느껴. 사람들을 가장 몰입하게 하는 활동은 식사, 섹스, 취미 세 가지야. 그런데 이 중에서 식사와 섹스는 지속 시간이

짧다는 함정이 있지. 반면에 취미는 최고 수준의 몰입을 오래 지속할 수 있어. 그래서 고갱처럼 한 가지 취미에 미친 듯이 빠져드는 마니아(mania)들이 있는 거야.

취미에 몰입하는 사람은 스트레스도 적어. 신영이가 같은 과 친구들에게 자신의 과제를 얼마든지 공유할 수 있었던 이유는 결과물이 아니라 옷을 만드는 과정 자체가 즐거웠기 때문이야. 고갱이 궁핍한 생활을 버틸 수 있었던 것도 좋아하는 그림에 몰입했기 때문이지. 무언가에 몰입하는 동안에는 스트레스를 잊어버리고, 완전히 새로운 시각으로 모든 문제를 바라보게 돼. 이런 취미 활동은 컴퓨터 게임이나 텔레비전에 빠져드는 것과는 질적으로 달라. 게임을 하거나 TV를 시청하는 동안에는 머릿속에 가득한 문제들이 유령처럼 따라와서 불안감을 일으키지. 반면 취미에 몰입할 때는 스트레스를 주는 사건 자체가 전혀 없는 상태가 돼. 뭔가에 몰입할 때 걱정으로 가득 찼던 머릿속이 텅 비게 되고, 눈앞에 닥친 문제를 한 발 뒤로 물러서서 볼 수 있게 되지. 장기를 두거나 보드게임을 할 때 시합에 임하는 선수보다 훈수 두는 사람이 더 좋은 수를 볼 줄 아는 것과 같아.

무언가에 완전히 몰입해서 시간의 흐름도 잊고, '나'도 잊어

버린 경험을 해본 적 있니? 매슬로(Abraham Harold Maslow)라는 심리학자는 이런 상태를 '절정 경험(peak experience)'이라고 불렀어. 최고의 희열감과 내적인 완성감을 느끼는 순간이지. 매슬로는 이때를 자기를 실현하는 상태에 있다고 보았어.

너는 주로 무엇을 할 때 이런 희열감을 느끼니? 삼촌은 글을 쓰거나 요리할 때 이런 절정 상태를 경험해. 그래서일까? 글을 쓰는 건 나의 직업이고, 요리는 나의 취미야. 삼촌은 어렸을 적부터 요리에 관심이 많았어. 자취할 때도 라면 같은 인스턴트 음식이 아니라 제대로 된 밥상을 차려먹곤 했었지. 결혼하고 나서 본격적으로 요리 학원을 다니며 제대로 배우기 시작했어. 당시에는 쿡방(출연자들이 요리를 만드는 모습을 주로 보여 주는 방송 프로그램)이 유행하던 시절이 아니어서 요리 학원에서 삼촌이 유일한 남자였는데도, 1년 넘게 열심히 배웠지. 정말 너무 재밌는 거야. 요리하고 있을 땐 마음이 편해지고, 시간이 아주 천천히 흐른다고 느껴질 정도였어. 자연스럽게 가사분담에서 요리는 내 몫이 되어 매일 요리를 하고 있지만 아직까지 지겹다는 생각이 들지 않아. 초등학교에 다니는 두 아들 역시 아빠 요리가 제일 맛있다고 좋아하지.

그런데 요리를 취미로 즐기면서 삼촌이 깨달은 게 있어. 요리가 글쓰기와 일맥상통한다는 거야. 요리를 배우면서 나의 탁월한 재능 하나를 확실하게 알게 되었는데, 그건 바로 요리하기 전에 머릿속에 순서도가 저절로 그려진다는 거야. 애쓰지 않아도 자연스럽게 해야 하는 작업들과 재료들의 넣어야 하는 순서가 차례로 떠올라서, 다른 사람들보다 빠르게 요리하면서도 실수하거나 빠뜨리는 게 적다는 걸 알게 됐어. 그리고 이 재능이 글을 쓸 때도 똑같이 작동한다는 걸 알게 됐지. 어떤 내용을 쓸지, 각각의 소재를 어떻게 배치할지 머릿속에서 휘릭 하고 정리되는 순간을 포착하게 된 거야.

이후로 글을 쓸 때면 스토리가 머릿속에서 정리되는 순간을 붙잡아 먼저 메모를 해두곤 해. 식재료와 양념을 순서에 맞게 조리하듯 '지식 재료'들을 맛깔나게 엮고 버무리는 것 또한 작가로서 유용한 능력이야. 요리를 배운 덕분에 글쓰기가 훨씬 수월해졌고, 예전에 비해 흐름이 더 좋아졌어. 가볍게 시작한 취미가 어느새 일에도 깊이 스며든 거야.

평생 취미를 갖는다는 것

좋아하는 취미 활동을 1년 동안 실컷 해 보면 어떨까? 예전에 배우다가 그만두었던 그림이나 악기 연주를 시작해도 좋고, 한 번도 해 보지는 않았지만 왠지 끌리는 꽃꽂이나 요리를 배우는 것도 좋아. 늘 마음속에만 담아두었던 의미 있는 봉사 활동을 시작해도 좋고. 그게 무엇이든 몰입감과 즐거움, 영감을 주는 취미라면 최상의 취미야. 그런 활동에 1년간 미쳐 보면 좋겠어. 앞에서 소개했던 덴마크의 에프터스콜레는 학생들이 1년간 자신이 하고 싶은 활동을 실컷 해 보도록 도와주는 프로그램이야. 굳이 그곳에 가지 않더라도 스스로 에프터스콜레 프로그램을 해 보면 어떨까? 그렇게 1년을 보낸 후에 학교로 돌아왔을 때 너는 어떻게 달라져 있을까?

한 가지 알아야 할 건, 갭이어의 취미는 이전의 취미 활동과는 그 의미와 깊이가 달라야 한다는 점이야. 일상에서 우리는 휴식과 기분 전환을 위해 취미 활동을 하지. 갭이어의 취미 또한 즐거움을 준다는 점은 같지만, 몰입의 정도가 훨씬 강하고 남다른 의미를 부여한다는 점에서 달라. 취미가(hobbyist)와 마니아

(mania)의 차이라고나 할까? 마니아는 '그것에 미친 사람'을 의미해. 갭이어의 취미는 폴 고갱이 그랬던 것처럼 하나에 푹 빠져 미치는 거야. 글을 쓰다 보면 너무 몰입한 나머지 시간의 개념도 사라지고, 나도 사라지는, 그런 묘한 상태를 경험하게 돼. 심지어 누가 옆에서 써야 할 글을 불러 주는 것만 같은 착각이 들 때도 있어. 푹 빠져들어 이런 절정을 몇 번 경험하면, '몰입' 그 자체가 기쁨이라는 걸 이해하게 돼. 결과가 좋든 나쁘든 그것과 무관하게 푹 빠져드는 경험 자체가 소중한 거지.

그럼, 네가 취미로 선택한 일이 나중에 반드시 고갱처럼 직업이 되어야 할까? 천만에. 그렇게 생각하면 취미를 일처럼 대하게 돼. 재미도 떨어지고, 몰입하기가 더욱 어려워지지. 사실, 우리가 취미에 몰입하는 이유는 실패해도 괜찮기 때문이야. 취미로 악기를 다루거나 스포츠를 하는 동안엔 실수하면 좀 실망할지는 모르지만 인생에 치명적인 상처를 남기지는 않잖아. 내일 다시 해 보면 되니까. 하지만 일에서는 한 번의 실수가 치명적인 결과를 초래할 수 있지. 그러니 갭이어 동안 취미를 나중에 직업과 연결해서 생각하면 부담이 되어서 재미와 몰입이 떨어지게 돼. 그러니 '이걸 열심히 해서 나중에 내 직업으로 삼아야지'라고 생각하기보다는 '내가 평생 즐겁게 할 수 있는 취미를 발견해야지'라는 마음으로 접근해야 해. 이런 마음으로 갖게 된 평생 취미는 직업에 큰 영향을 미치게 되지.

실제로 여러 취미를 통해 자기 직업을 더 풍성하게 만드는 사람이 많아. 소설가 헤르만 헤세(Hermann Hesse)는 평생 3천여 점의 작품을 그렸는데도 화가가 되지는 않았지. 하지만 그림을 그리면서부터 헤세의 글은 완전히 깊이가 달라져서 더욱 감동적인 글을 쓰게 되었어. 물리학자인 알베르트 아인슈타인(Albert Einstein)은 문제가 풀리지 않을 때면 취미였던 바이올린을 연주하면서 새로운 접근을 찾곤 했대. 심리학자 카를 융(Carl Gustav Jung)은 강가의 조그마한 돌을 가지고 미니어처 집을 짓는 독특한 취미를 가졌었는데, 자신을 찾아오는 환자의 문제로 마음이 괴로울 때면 몇 시간이고 앉아서 돌집을 짓곤 했어. 이처럼 취미가 꼭 자신의 직업이 되지는 않더라도 평생 즐기는 것만으로도 인생에서 매우 값진 경험이고, 어떤 방식으로든 나중에 직업 결정에 도움이 될 거야.

순수하게 '좋아하는 것'

어떤 걸 취미로 삼아야 할까? 아마도 머릿속에 몇 가지의 후보 활동들이 떠오를 거야. 이 중에서 무엇부터 시작해야 할까? 두 가지를 짚어봐야 해. 그 활동이 내가 진짜 원하는 것인지, 오랫동안 즐기면서 할 수 있는 것인지 말이야. 어떤 계산적인 이유 없이 순수하게 그것을 '좋아하는지' 묻는 거지.

독일의 철학자 하이데거(Martin Heidegger)는 진짜로 원하는 것을 발견하는 방법을 우리에게 알려줬어. 내가 머지않아 죽게 된다고 가정하고 목록을 바라보면 진짜 원하는 것이 드러난다는 거지. 하이데거는 평소에 갈망하던 것이라도 얼마 후 죽게 된다고 생각하면 급격히 의미가 벗어지는 것들을 '욕망'이라고 불렀어. 반대로 '소망'은 머지않아 죽게 된다고 생각하면 오히려 더욱 간절하게 이루고 싶어지는 것을 의미하고.

욕망과 소망은 비슷해 보이지만 매우 달라. 욕망은 '결과'가 중요해. 성공과 실패에 민감하고, 성취할 때까지 기쁨은 미뤄지지. 빨리 이루고 싶은 마음에 쉬운 길을 찾게 되고, 반칙과 편법이란 유혹에 쉽게 흔들리기도 해. 이에 비해 소망은 결과보다 '과정'이 중요하지. 소망을 실현하는 과정은 여행하는 것과 비슷해서, 목적지 때문이 아니라 여정 자체에서 기쁨을 느끼지. 그 일의 결과 때문이 아니라 그 일을 하고 있는 것 자체가 기쁜 거야.

"만약에 내가 10년 후에 죽는다면, 무엇을 하면서 남은 시간을 보낼까?" 이 질문에 후보로 삼고 있는 활동들을 대입해 보렴. 너의 후보 활동들 중에서 죽기 전까지 매일 하고 싶은 활동은 무엇이니? 큰 결과를 얻었을 때의 성취감 때문이 아니라, 하루하루 몰입하는 과정 자체가 순수하게 기쁜 것은 무엇이니? 이 질문에 대한 답이 네 소망이고, 이것이 평생 취미를 시작할 수 있는 지점이야.

신영이가 그랬던 것처럼 딱 1년만 두려움 없이 하고 싶은 것을 골라서 실컷 놀아보렴. 무엇보다 '논다'는 생각이 중요해. 어렸을 적에 우리가 친구들과 놀 때 놀이 자체가 즐거웠을 뿐, 어떤 목적이나 결과에 대한 걱정이 없었잖아? 그렇게 1년을 보내는 거야. 놀이는 단순히 푹 빠져 즐기는 것이고, 승패를 따질 필요가 없고, 결과를 설명할 의무도 없어. 실컷 놀아본 경험은 훗날 어떤 형태로든 네게 큰 영향을 미칠 거야. 그러니 걱정 말고 실컷 몰입해서 놀아봐.

5

스승

인생이 바뀌는
한 사람과의 만남

*

꼭 닮고 싶거나 마음 깊이 존경하는 사람이 있니?

아직 만나지 못했지만 꼭 한 번 만나 보고 싶은 사람은 있고?

인연을 운명으로 만드는 것은 나 자신이라는 사실을 잊지 마.

손 놓고 기다리고만 있으면 안 되거든.

은혜는 초등학교 2학년부터 홈스쿨링을 했어. 용인에 있는 초등학교에 입학했었는데, 1학년 아이들에게 방과 후 '나머지 공부'를 시키는 학교에 충격을 받은 부모님의 결정이었지. 은혜는 홈스쿨러들이 모이는 '글로벌 홈스쿨링 아카데미'라는 커뮤니티에서 가끔씩 다른 친구들을 만나긴 했지만 주로 집에서 어머니와 지내다 보니 좀 외로웠어. 그러다 중학교 2학년 때 어머니로부터 꽃다운 친구들(꽃친)의 이야기를 전해 듣고 다른 친구들과 함께 시간을 보내고 싶어서 그곳에 합류하게 되었어.

꽃친에는 4명의 선생님이 계셨는데 모두 아이들과 친구처럼 지내면서도 적절한 조언을 해 주시는 멋진 분들이셨어. 그 중에서 장현아쌤(선생님을 쌤이라 부른대)은 그간 외롭게 지냈던 은혜에게 특별한 친구로 다가와 준 분이셨지. 은혜에게 기분이 어떤지 늘 물어봐 주고, 언제든 이야기를 주의 깊게 들어주고, 응원의 말로 항상 에너지를 주셨어. 왜 그렇게 잘해 주실까 싶을 정도로 은혜는 선생님으로부터 큰 사랑을 받게 되면서 안정감을 느꼈지. 언제부턴가 일주일에 두 번 있는 꽃친 모임을 현아쌤을 만나기 위해 가는 거라고 느낄 정도로.

은혜는 엄마와도 자주 대화하는 친구 같은 사이였지만, 털어놓을 수 없는 부분이 있었어. 게다가 엄마와는 세대차이가 있어서 웃음 코드도 잘 맞지 않았고. 그런데 현아쌤에게는 모든 걸 말할 수 있었고, 웃음 코드도 비슷해서 은혜가 조금이라도 재미있는 이야길 하면 큰소리로 깔깔 웃어주셨지. 외모의 사소한 변화도 바로바로 눈치 채서 알아봐 주셨고, 무엇보다도 은혜의 감정 변화를 금방 알아채서 항상 편안하게 대해 주셨어.

사실 은혜는 유리 멘탈이었어. 친구들과의 관계가 조금이라도 어긋나면 혼자서 이런저런 생각을 하며 걱정하고 불안해하는 예민한 성격이었지. 삼촌이 보기에 그건 어린 시절부터 감정을 억눌렀기 때문인 것 같아. 가정불화까지는 아니었지만, 어렸을 적에 부모님이 다투는 모습을 보면서 '나 때문에 싸우시는 건가 보다'라는 생각을 자주 했었거든. 게다가 은혜는 맏딸이라 '내가 엄마와 아빠를 위로해드렸으면 좋았을 텐데' 하는 자책도 많이 했었고. 은혜는 자주 우울감을 느꼈어.

그런데 꽃친의 선생님들을 만나면서 그런 마음들이 조금씩 열리고 치유되기 시작했어. 현아쌤은 은혜의 일을 마치 자기 일처럼 함께 걱정해 주고 공감해 주셨지. 선생님과 자주 문자를 주고받았는데, 가끔은 은혜 모르게 영상을 찍어서 보내 주기도 하셨어. 친구들과 신나게 이야기하는 영상에는 "너무 사랑스러워 보여"라고 짧게 메시지를 달아 주셨지. 은혜는 방학 때 선생님과 며칠 동안 여행을 함께 갈 정도로 가까워졌어. 예전에 은혜가 생각했던 선생님이란 존재는 '가르치는 사람'이었는데, 현아쌤은 선생님에 대한 기존의 생각을 완전히 바꿔 주었지.

"쌤을 통해 내가 나를 사랑하는 방법을 배운 것 같아요. 선생님은 늘 '널 보면 기분이 좋아져'라든가 '쌤도 힘들 때가 있는데 은혜를 생각하면 미소가 든다'라는 말씀을 해 주셨어요. 저는 즐거운 감정을 잘 표출하지 않는 편인데 선생님 덕에 표현을 많이 하게 됐어요. 내 자체를 있는 그대로 좋아해 주셔서 그렇게 변한 것 같아요. 그러면서 자연스럽게 현아쌤 같은 선생님이 되고 싶다는 생각을

했어요. 저처럼 다른 청소년들도 선생님이라는 사람을 통해 이런 존중이나 행복을 느꼈으면 좋겠어요."

은혜는 지금 대안학교를 다니면서 대학교 입학을 준비하고 있어. 학과는? 물론 사범대학이지! 현아쌤처럼 제자들의 마음을 어루만지는 친구이자 스승 같은 선생님이 되는 게 목표야. 지금 다니는 대안학교에서도 얼마나 열심인지 몰라. 자신이 꿈꾸는 직업을 가진 전문가를 인터뷰하는 활동이 있는데, 얼마 전엔 중앙기독중학교 노규호 선생님을 인터뷰했어. 선생님들 사이에서 존경받는 분이신데, 그분을 만나고 '역시 나는 선생님을 해야겠어' 하고 또 한 번 다짐했지.

그렇다고 꼭 선생님이라는 직업을 고집하는 건 아니야. 무슨 직업이든 청소년을 감정적으로 지원해 줄 수 있는 직업에 관심을 가지고 있어. 지금은 '청소년의 우울증'에 관한 논문을 쓰고 있고. 관련 다큐멘터리도 찾아보고 상담가도 만나면서 청소년 상담에도 큰 관심을 가지게 됐거든. 그러면서 자기가 왜 그렇게 친구들과의 관계에서 예민했었는지를 이해했고, 치유할 수 있게 되었어. 심리학자 카를 융이 말한 '상처받은 치유자

(wonded healer)', 즉 "상처를 입었던 사람만이 진정한 치유자가 된다"는 걸 은혜가 몸소 실천하고 있지. '스승의 은혜' 덕분에 앞으로 자신의 길을 잘 걸어 갈 거라고 믿어.

워런 버핏, 자신의 영웅을 찾아가서 배우다

열한 살의 한 소년이 동네 친구에게 서른다섯 살에 백만장자가 되겠다고 자랑하듯 말했어. 허황된 말에 친구들은 콧방귀를 뀌었지. 당시에 미국 경제는 불황으로 좋지 않았으니까. 하지만 소년의 생각은 달랐어. 얼마 전에 읽은 책에서 배운 복리(複利) 이자에 따르면 적은 돈도 계속해서 저축하면 큰돈으로 불릴 수 있다고 생각했으니까. 부자가 되겠다는 그 꿈은 스무 살 청년이 되어서도 여전했지.

어느 날 청년은《현명한 투자자》라는 책을 읽었는데, 평소에 그가 생각해 오던 '가치 투자'에 대해 상세히 적혀 있어서 매우 큰 감동을 받았어. 청년의 친구에 따르면 그 책을 읽고 '마치 신을 만난 것처럼' 열광했다고 해. 청년은 그 책을 쓴 작가가 컬럼비아대학교의 교수라는 걸 알고 그 대학에 지원했지. 이미 지원 마감이 끝난 상태였지만 청년의 간절한 편지가 받아들여져서 결국 청년은 입학하게 돼. 전 세계에서 가장 성공적인 투자가인 워런 버핏(Warren Buffett)이 비로소 투자에 발을 들인 것이지.

컬럼비아 경영대학원에 입학한 버핏은 그토록 고대하던 가치 투자의 거장 벤저민 그레이엄을 만났어. 그는 그레이엄의 수업에 푹 빠졌고, 점점 존경하게 되었지. 버핏은 학점을 낮게 주기로 유명한 그레이엄이 가르친 모든 과목에서 A+를 받았어. 이런 성적은 그레이엄이 가르친 학생 중에 유일했지. 버핏은 스승의 책과 강의뿐만 아니라 그의 모든 것을 연구했어. 스승의 투자법과 말하는 방식 등, 그에 대해 찾아낼 수 있는 온갖 정보를 수집했지. 그러던 중에 스승이 작은 투자 회사를 운영하고 있다는 걸 알게 되었어. 그리고 몇 년 뒤엔 스승을 따라 그 회사에서 일을 시작하게 되었지.

스승과 함께 일하면서 투자 이론뿐만 아니라 투자 원칙과 마음가짐에 대해서도 배웠어. 사실 이론보다도 이런 것들이 더 중요한 배움이었지. 머지않아 버핏은 눈부신 성공을 하기 시작해. 스승의 수업에서 스타 학생이었던 그가 스승의 회사에서도 스타 직원이 된 거야. 함께 일한 지 1년이 되었을 때 스승은 그를 제자나 직원이 아닌 동업자로 생각할 정도였어. 실제로 몇 년 후 그레이엄이 예순두 살의 나이로 은퇴할 때 버핏에게 회사를 맡아달라고 제안했지.

그런데 웬걸! 버핏은 그 제안을 거절했어. 이유는 하나, 자신의 영웅인 그레이엄과 함께 일할 수 없다면 그 회사에서 일하는 게 의미가 없었던 거지. 이미 오랫동안 스승에게 배운 덕분에 이제는 조금씩 스승을 넘어서고 있었던 때였어. 그는 고향으로 돌아와 자신의 회사를 차렸거든. '투자 조합'이었는데 당시엔 생소한 개념이었지. 이 조합의 아이디어는 사실 그레이엄으로부터 얻은 거야. 버핏은 투자 조합의 수익이 나면 그 수익을 다른 곳에 쓰지 않고 계속 재투자했어. 어릴 적 배운 복리 원칙을 주식 투자에도 적용한 거야. 스무 살 무렵에 1만 달러였던 버핏의 재산은 스물여섯 살에는 15만 달러로 증가했고, 어릴 적 목표였던 백만장자의 꿈은 그의 나이 서른두 살에 달성했어. 원래 계획보다 3년이나 빨리 이룬 셈이지.

존경하는 스승을 쫓아 모든 것을 배운 결과였어.

스승은 학자와 예술가에게만 필요한 게 아니야. 자신의 길을 걸어가는 누구에게나 스승이 필요하지. 은혜와 워런 버핏이 그랬듯, 스승은 한 사람의 삶에 지대한 영향을 미칠 수 있어. 사람은 사람에 의해 바뀌고, 사람을 통해 성숙해져. 우리가 자신의 역할 모델을 찾아서 깊이 배워야 하는 이유지.

삼촌은 공학을 전공했고, 어른이 될 때까지 책을 읽거나 글을 쓰는 걸 무척 싫어했었다는 말을 했었지? 그런데 어떻게 이렇게 작가가 될 수 있었을까? 아무런 경험도, 이렇다 할 재능도 별로 없었는데 말이야. 그 이야기를 해줄게. 삼촌은 눈이 아픈 경험을 하고 나서 한참 방황하던 시기에 읽었던 책 때문에 삶의 방향이 바뀌었어. 그때는 '내가 실명한 진짜 이유가 무엇이었을까?'를 고민하던 시기였거든. 그때 우연히 구본형이라는 작가가 쓴 책을 읽다가 뒤통수를 한 대 얻어맞은 것처럼 멍해졌지. 내 실명의 원인이 형을 흉내 내려 했기 때문인 걸 깨닫게 된 거야.

앞에 '독서' 부분에서 삼촌이 처음으로 밤잠을 설쳤던 한 권의 책에 대하여 이야기한 적 있지? 그 책이 바로《나, 구본형의 변화 이야기》야. 책이 이렇게 재미있고 유익하다는 걸 태어나서 처음 느꼈지. 이후로 그 작가의 책을 전부 구해서 읽기 시작했어. 읽으면 읽을수록 작가를 존경하게 되는 거야. 뭐랄까, 그 작가를 꼭 만나야 할 것 같은 강렬한 느낌이 들어서 출판사에 전화해서 이메일을 물어봤지.

그분에게 장문의 편지를 썼어. 내가 실명했던 이야기부터 메일을 보내기까지의 과정을 구구절절 썼지. 그리고 마지막에 나를 만나줄 수 있는지 여쭈었지. 글을 거의 써 본 적이 없었으니까 얼마나 내용이 허술했겠어? 하지만 마음만큼은 진심이었거든. 그렇게 백 줄도 넘게 써서 메일을 보냈는데, 작가의 답변은 딱 두 줄이었지. "저를 만날 수 있는 방법은 하나입니다. 100만 원을 내고 제가 하는 교육 프로그램을 수강하세요."

정말 실망했어. 답변이 너무 성의 없는 데다 당시 삼촌은 학생이라 100만 원이라는 돈이 없었으니까. 그런데 이상하게 그 사람을 만나야겠다는 마음은 더 강해지더라. 그래서 몇 달 뒤에 취직해서 첫 월급을 탔을 때 제일 먼저 그 교육 프로그램에 등록을 했지. 6명 정도의 적은 인원이라 작가님과 오랫동안 대화할 수 있었어. 내게는 그 돈이 하나도 아깝지 않았지.

첫 만남은 잊을 수가 없어. 멀리서 껄껄 웃으시면서 "네가 승오구나"라고 말씀하시던 그 빛나던 얼굴! 스승 같은 엄준함과 아버지 같은 인자함을 모두 가진 분이셨어. 그래서 나중에는 '사부님'이라 부르게 되었지. 알고 보니 내 메일에 그렇게 냉정하게 답장을 보낸 건 '이래도 내게 와서 배우겠느냐?' 하는 일종의 시험이었대. 정말로 변화하려는 마음이 간절한지 알아보고자 테스트하셨던 거지.

구본형 선생님은 나를 좋게 봐주셨고, 연구원으로 함께 공부하지 않겠냐고 제안도 해 주셨어. 정말 뛸 듯이 기뻤지. 존경하는 스승과 함께 몇 년간 있으며 책을 깊이 읽는 법과 생각을 담아 글 쓰는 법을 배웠어. 글을 써 본 적이 없는 사람이 작가로서 꿈을 갖게 된 거야. 나로선 놀라운 변화였지. 그리고 몇 년 뒤에 스승은 함께 책을 써 보자고 제안하셨고, 그렇게 첫 책을 존경하는 스승님과 함께 쓸 수 있었어.

그런데 그보다 더 귀한 건, 몇 년간 그분의 인생을 곁에서 지켜볼 수 있었다는 점이야. 선생님을 따라 여행도 가고, 집에도 자주 놀러가고, 함께 사람을 만나고, 흘끗흘끗 일상을 엿보면서 쓰신 글과 행동이 일치하는 분이라는 걸 알게 되었어. 말과 행동이 다른 사람이 의외로 많잖아? 스승님은 내게 말씀하신 대로 정말 그렇게 살고 계셨어. 다른 사람을 대할 때의 태도, 사소한 말과 몸짓 하나하나에서 큰 배움을 얻었지. 무엇보다 좋은 건 내가 꼭 그렇게 살고 싶은 롤 모델을 만난 거야.

에고, 눈물이 또 나네. 선생님과 나는 8년을 함께 보냈고, 선생님은 몇 년 전에 병환으로 돌아가셨어. 너무나 슬펐지만 지금 와서 생각해 보면 내 인생에서 한때 그런 분을 스승으로 모셨다는 것에 진심으로 감사해. 한 사람과의 만남이 삼촌 인생을 이렇게 통째로 바꿔 놓을 줄은 몰랐거든. 살면서 그런 스승을 만난다는 건 정말 소중한 일이야.

인연을 마냥 기다리지 말자

너는 어떠니? 은혜처럼 꼭 닮고 싶거나 마음 깊이 존경하는 사람이 있니? 아직 만나지 못했지만 꼭 한 번 만나 보고 싶은 사람은 있고? 아직 없다면 갭이어 동안 롤모델이 될 만한 사람을 찾아서 그를 통해 배워 보면 어떨까?

'제자가 준비되면 스승이 나타난다'는 말이 있어. 마음 깊이 원하는 것이 있고 준비가 되어 있을 때 큰 스승과 만나게 된다는 거지. 삼촌이 보기에 은혜는 자신의 유리 멘탈을 보듬어 줄 누군가가 절실히 필요했던 것 같아. 그러니 꽃친에 입학하겠다고 스스로 결심했던 거고, 마법처럼 현아쌤이 나타난 거지.

그럼 이런 만남을 위해 제자는 무엇을 준비해야 할까? 보통은 성실함과 인내심을 꼽지. 여기에 삼촌은 한 가지를 더 추가하고 싶어. 바로 적극성! 워런 버핏이나 삼촌이 그랬던 것처럼 존경할 만한 사람을 우연히 알게 되면 적극적으로 연락해 보는 거지. 인연을 운명으로 만드는 것은 나 자신이라는 사실을 잊지 말아야 해. 손 놓고 마냥 기다리기만 해서는 안 되거든.

물론 스승이 어느 날 갑자기 짠 하고 나타나는 것은 아니야. 그럼 어떡하냐고? 찾아야지. 스승이 될 만한 사람을 어디서 찾아야 할까? 네가 감명 깊게 읽은 책의 저자나, 우연히 보게 된 유튜브의 크리에이터, 블로그나 브런치(글쓰기 플랫폼)에 연재하는 작가, 친구로부터 알게 된 관심 가는 일을 하고 있는 사람 등 여러 경로를 통해 스승 후보를 물색할 수 있어. 그런 사람들 중에 강하게 끌렸던 사람이 있다면 직접 연락해서 만나 보는 거야. 세상엔 이름이 알려지지 않은 숨은 고수들이 많단다. 그렇게 스승을 찾아가는 과정 자체가 소중한 배움이야.

그럼 어떤 사람이 훌륭한 스승일까? 어떻게 훌륭한 스승을 알아볼 수 있을까? 무엇보다도 실력과 인품을 겸비한 사람이어야 하고, 결과보다 그 사람이 노력한 과정을 봐야 해. 최고의 자리에 올랐으면서도 여전히 수련을 열심히 하는 사람이라면 좋은 스승이야. 인품은 그 사람의 말보다는 행동에서 잘 드러나지. 그 사람이 일과 사람을 대하는 모습을 유심히 살펴보면 느낄 수 있어. 진짜 스승은 말이나 글이 아닌 모범으로 보여 주거든.

만약 운 좋게 좋은 스승을 만났다면 제자는 어떻게 행동해야 할까? 워런 버핏이 했던 것처럼, 일단 스승이라는 우물에 빠져서 거기에만 집중해야 해. 무엇보다도 스승을 따라하려고 노력해야 하고. 모방은 빠르게 배울 수 있는 방법이야. 사소한 행동일지라도 모방해 보면 나중에 그 의미를 깨닫게 되기도 해. 삼촌은 산책할 때는 꼭 뒷짐을 지고 콧노래를 부르며 천천히 걷곤 해. 구본형 선생님과 여행을 가봤더니 꼭 그렇게 걸으시기에 따라해 본 것인데, 어느덧 습관이 된 거지. 나이가 들고 보니 선생님이 왜 그렇게 걸으셨는지 알 것 같아. 산책할 때는 다른 생각일랑 하지 말고 걷고 있는 걸음, 흥얼거리는 노래에 마음을

풀어놓으라는 가르침이었던 것 같아. 이렇게 스승은 '모범'으로 가르치고, 제자는 '모방'으로 배워.

그렇지만 모방에만 그쳐서는 안 돼. 그러면 스승에게 의존하게 되지. 철학자 니체는 "영원히 스승을 빛나게 하는 자가 가장 나쁜 제자"라고 했어. 때가 되면 제자는 스승의 가르침에 자신의 개성과 방식을 결합해야 하지. 모방을 뛰어넘어 '창조'해야 해. 제자가 호랑이처럼 자기의 길을 갈 때 스승 또한 빛나고, 그때 스승과 더 가까워질 수 있지.

스승을 직접 만날 수 없다면?

스승에게 배우는 방식은 두 가지가 있어. 사사(師事)와 사숙(私淑). '사사'는 스승을 직접 만나서 가르침을 받는 것이고 '사숙'은 직접 만나지는 못하지만 그 사람을 깊이 연구해서 닮아가는 것을 말해. 예를 들어 중국의 맹자는 공자의 이론을 계승한 제자이지만, 사실 맹자와 공자는 다른 시대의 사람이야. 그런데 어떻게 제자가 되었을까? 공자의 책을 스승으로 삼아 평생 반복해서 읽고 그 가르침을 지키면서 제자가 된 거지. 다산 정약용(丁若鏞)이 존경한 성호 이익(李瀷)은 다산이 두 살 때 세상을 떠났고, 다산은 성호에게 직접 배울 수 없었지. 그래서 다산은 평생 동안 성호의 책을 읽고 연구하면서 사숙해. 나중에는 스승이 남긴 유고를 정리해 책으로 집필하기도 하지.

존경하는 사람을 직접 만날 수 없다면 그 사람에 대해 깊이 파고들어 연구해 봐. 그 사람이 쓴 책을 읽거나, 그 사람이 나온

방송을 보거나, 그가 머물렀던 공간이나 관련 박물관으로 여행을 떠나 보는 거야. 그 사람에 대한 평전을 써도 좋고, 그 사람과의 가상 인터뷰를 글로 써도 좋아. 독서, 여행, 기록을 통해 스승의 궤적을 따라가 보는 방법은 마치 거울을 보는 것과 같아. 스승이라는 거울을 통해 자기 자신을 비춰 보는 거지. 스승을 만나지 못하더라도 스승이 남긴 발자취를 거울삼아 자신의 잠재력을 발견할 수 있어.

삼촌은 몇 년 전부터 중요한 결정을 해야 할 때면 꼭 이렇게 질문해. "구본형 선생님이라면 어떻게 하셨을까?" 그렇게 곰곰이 고민해 보면 의외로 쉽게 답이 떠오르지. 선생님은 돌아가셨지만 여전히 내 인생의 중요한 갈림길에 서 계셔. '스승이라면 어떻게 했을까?'는 스승을 가져 본 사람만이 할 수 마법 같은 주문이야. 이런 주문, 너도 해 보고 싶지 않니? 그렇다면 주변을 둘러보렴.

6

공동체

'우리'는

'나'보다 현명하다

*

연대할 수 있다는 건, 삶을 바꾸는 강력한 힘이야.

단절된 한 사람의 힘은 약할지 모르지만

함께 모여 만든 공동체는 엄청난 힘을 발휘해.

너만의 작은 세계를 만들어 보렴!

오지('오리지널'을 줄인 별명이래)는 반항적인 아이였어. 중학교 1학년 때부터 담배를 피웠고 싸움을 했지. 중학교 1학년까지는 공부를 제법 열심히 하는 편이었는데, 2학년에 올라가면서 소위 '일진'이 되고부터 완전히 손을 놓아 버렸어. '담배 피우지 마라'는 아버지의 호통을 피해 몇 번 가출했고, 친구의 폭력을 방관해서 학교 폭력위원회에 회부될 뻔한 적도 있었지. 그렇게 점점 엇나가는 모습을 보면서 오지의 친구들도 지쳐 갔고, 급기야 3학년이 되자 오지를 모른 척하기 시작했어. 가장 친했던 친구들에게 왕따를 당한 거야.

친구가 전부였던 오지에게 그건 사형 선고나 다름없었어. 너무 힘들어서 SNS를 모두 탈퇴하고 전화번호도 바꾸곤 잠수를 탔지. 친구들을 피해 다니다 보니 학교 출석을 거의 안 했고 제적될 뻔했지만 오지를 걱정한 한 선생님의 도움으로 간신히 졸업할 수 있었어. 그런데 문제는, 고등학교를 입학하면 그 친구들을 다시 보게 될 거라는 점이었지. 오지는 덜컥 겁이 났어. 자신을 따돌린 친구들이 미웠지만, 한편으로는 그만큼 친구들을 괴롭혔던 자신에 대한 자책감도 있었던 거야. 보다 못한 아버지께서 꿈틀리 인생학교를 소개해 주셨고 1년간 자신을 변화시킬 수 있는 좋은 계기라고 생각해서 입학하게 되었어.

꿈틀리 인생학교는 전원 기숙사 생활을 해야 해. 오지는 낯선 친구 둘과 한 방을 쓰게 됐지. 친구들에게 상처를 입었던 경험 때문에 다가가기가 어려웠는데 다행히 그 친구들이 먼저 다가와 주어서 조금씩 오지도 마음을 열기 시작했어. 매일 함께 지내야 하니 이야기를 많이 할 수밖에 없었고, 그렇게 시작된 이야기는 밤 11시에 소등해서도 한 시간 넘게 매일 이어졌지. 친구들과 참대에 누워서 "오늘 어땠니?", "아까 왜 그렇게 기분이 나빠했어?"라고 질문하고 또 솔직하게 대답하면서 말이야.

오지는 예전에 다니던 학교에서는 그렇게 자기 감정을 표현해 본 적이 없었어. '남자는 울면 안 돼'라는 식의 분위기라서 감정을 표현하는 게 미숙한 행동이라는 잘못된 고정관념이 있었으니까. 그러다 보니 감정을 자주 숨겼고, 참고 참다가 폭발해서 화를 내거나 싸움하기 일쑤였지. 그런데 꿈틀리의 룸메이트들은 어떤 상황에서든 자기가 어떻게 느끼는지를 잘 표현했고, 오지의 감정도 잘 물어봐 주었어. 서서히 오지도 자기 감정을 솔직하게 표현하는 법을 배우게 되었지.

친구들에게 오지만 영향을 받은 건 아니었어. 친구들도 오지로부터 영향을 받았지. 한 친구는 자존심이 세서 절대로 먼저 사과해 본 적이 없었는데, 오지가 "너, 이런 건 고쳐야 돼. 사과를 먼저 했으면 좋겠다"라고 여러 번 이야기했더니 지금은 사과를 엄청 잘 하게 되었어. 또 다른 친구는 자존감이 낮아서 남의 시선을 많이 의식하고 지나치게 소심하게 행동하곤 했었는데, 오지의 대범하고 의리 있는 모습을 보면서 조금씩 자기 자신을 찾아갈 용기를 내게 되었고. 그렇게 마음을 터놓고 지내다 보니 어느새 서로에게 소중한 친구들이 되었어.

오지는 다른 친구들과 토론하면서 자신의 편견을 많이 깨달았어. 꿈틀리에는 '민주시민 교육'이라는 시간이 있었는데 인권, 환경, 평화, 노동 등의 사회적 주제에 대해서 자유롭게 토론하는 활동이었어. 하루는 '페미니즘'에 대해 토론했는데, 이전까지 오지는 페미니즘을 '남성혐오증'으로 나쁘게만 생각했었어. 그런데 한 여학생의 발표를 듣고 자신이 얼마나 무지했었는지 깨달았지. 또 하루는 방송인 사유리 씨의 비혼 출산을 두고 토론했는데 오지가 그랬대. "여성이 혼자 아이를 키우는 건 괜찮은데, 아이의 입장에서 보면 별로인 것 같다. 아빠 없는 아이라고 친구들에게 놀림 받을 게 뻔하다"고. 그러자 토론 마지막에 한 친구가 "나는 한 부모 가정에서 자랐는데, 내가 부족하다거나 불행하다고 느낀 적이 한 번도 없다. 오히려 나를 힘들게 하는 건 사람들의 편견이다"라고 말하더래. 오지는 그때 뒤통수를 한 대 맞은 것처럼 충격을 받았어. 자기가 가진 편견이 다른 사람에게 큰 상처가 될 수 있다는 걸 깨달은 거야.

조금씩 마음이 열리면서 오지는 여태껏 한 번도 해 보지 않았던 일들을 하기 시작했어. 먼저, 친한 친구들과 선생님께 담배 피우는 걸 이야기하고 금연을 약속했지. 오지가 가장 좋아했던 파도(별칭) 선생님은 "엄청 힘들 거야. 담배 피우고 싶을 때마다 날 찾아오렴. 같이 사탕이라도 먹으면서 이야기 나누자" 하시면서 응원해 주셨고, 결국 오지는 금연에 성공했어. 동시에 운동도 열심히 해서 13킬로그램이나 감량했지. 오지는 태어나서 처음으로 두꺼운 책을 완독하기도 했어. 900페이지가 넘는 칼 세이건의 《코스모스》를 시작으로 《이야기 인문학》, 《데미안》, 《셰익스피어 4대 비극》 등의 책을 읽었지. 이 모든 게 친구들의 응원이 없었다면 해내기 힘든 일이었을 거야.

입학할 때와 달리 요즘 오지는 자신감에 가득차 있어. 중학교 시절 친구들에게서 받은 상처를 다른 친구들과 함께하며 치유되었거든. 그러면서 점차 예전의 자기 잘못을 돌아보고 반성하게 되었지. 어느 순간부터 중학교 때 친구들이 고맙게 느껴졌거든. '애들이 그때 왕따를 시켜서 정신 차릴 수 있었고, 꿈틀리에 와서 이렇게 변할 수 있었다'는 생각이 들자, 그 길로 중학교 친구들을 찾아가서 진심으로 사과하고 화해했어. 오지는 자기가 인복(人福)이 많은 사람이라고 표현해. 이렇게 성장할 수 있었던 건 소중한 인연들 때문이라고.

"공부를 잘해 보고 싶다는 생각을 요즘 자주 해요. 다음 달에 꿈틀리를 졸업하면 고등학교 가서 진짜 악바리처럼 공부에만 몰두할 거예요. 나를 도와준 친구들이나 선생님, 그리고 저를 늘 믿어주셨던 부모님께 내가 변했다는 걸 보여 줄 수 있는 제일 빠른 방법이 대학에 입학하는 거예요. 그런 사실이 좀 안타깝긴 하지만, 아무리 생각해봐도 은인들에게 보답하는 길은 대학에 가는 것 만한 게 없어요. 저 진짜 3년간 미친 듯이 공부할 거예요."

벤저민 프랭클린, 공동체에서 가능성을 실험하다

미국의 100달러 지폐에 그려져 있는 벤저민 프랭클린(Benjamin Franklin)은 작가이자 정치가인 동시에 피뢰침을 발명한 과학자야. "미국인들의 가슴에는 프랭클린이 있다"고 할 정도로 미국의 사회 전반에 큰 영향을 미친 인물이지. 그런데 그가 원래 평범한 인쇄공이었다는 사실을 알고 있니?

그는 초등학교도 졸업하지 못한 채 열두 살부터 친형의 인쇄소에서 일했어. 그리고 나이가 들어 오랫동안 꿈꿔 온 자신의 인쇄소를 차리게 되었지. 그는 이른 아침부터 밤늦게까지 성실히 일했기에 주변 사람들의 신망이 두터웠어. 자연스럽게 주변에 사람들이 모였고, 프랭클린은 '가죽 앞치마 클럽'이라는 모임을 만들었어. '가죽 앞치마'에서 연상할 수 있듯 주변 상인들의 사교 모임이었어. 정식 명칭은 '준토(Junto)'였는데 '비밀 결사'라는 뜻이었지. 12명으로 시작한 이 모임은 서로의 사업 홍보를 돕고, 서로에게 일거리를 소개해 주었지. 그러다가 이 모임은 함께 시사 문제를 토론하고 특정 주제를 공부하는 자기계발 모임으로 진화했어.

12명 가운데 가장 신나게 활동한 사람은 프랭클린이었어. 그는 모임을 이끌면서 리더십을 키우고, 토론 발제문을 쓰면서 글쓰기 훈련을 했지. 사람들과 친목을 다지고 자연스럽게 대화하는 방법도 이 공동체를 통해 연습할 수 있었어. 이런 능력들은 나중에 그가 정치를 하는 데 무척 큰 도움이 되었지.

준토에서 가장 중요한 활동은 토론이었어. 주제는 사회, 과학, 철학 등 다양했는데 그 중에서도 실용적인 주제를 다뤘지. 예를 들면 '좋은 글을 쓰려면 어떻게 해야 하는가?', '차가운 잔에는 왜 물방울이 맺히는가?', '행복해지는 비결은 무엇인가?'와 같은 주제에 대해서 회원들은 끊임없이 읽고 토론하면서 서로에게 배웠지. 토론 주제는 일주일 전에 공지했고, 회원들은 그때까지 주제와 관련된 책과 자료를 읽고 참석해야 했어. 그러니 활발한 토론이 이루어질 수밖에.

토론만 한 건 아니야. 준토는 함께 다양한 실험을 해 보는 공간이었는데, 그 실험 중에 하나가 '공동 서고 프로젝트'였어. 당시만 해도 미국엔 제대로 된 서점이 드물어서 책이 귀했거든. 도서관 같은 시설은 아예 없었고, 그래서 전문 서적을 구하려면 대부분 영국으로 주문해야 했지. 프랭클린은 준토 사무실 안에 공동 책장을 만들자고 제안했어. 회원들에게 책을 기증받아 사무실에 모아두고 필요할 때 서로 빌려 보자는 것이었지. 덕분에 토론 중에 필요한 책을 바로 찾아볼 수 있게 되었고, 평소에 접하기 힘든 책도 자유롭게 읽을 수 있었어.

이렇게 소박하게 시작한 공동 서고가 큰 효과를 거두자 프랭클린은 이 프로젝트를 확대해야겠다고 생각했어. 그래서 '회원제 도서관'을 만들자고 제안했고, 준토 회원들의 도움을 받아 몇 년간 준비한 끝에 미국 최초의 도서관이 만들어졌지. 당시 미국에는 성인을 위한 오락거리가 변변치 않았기 때문에 사람들은 책과 쉽게 친해졌어. 금세 필라델피아에 독서 열풍이 불었고, 도서관 회원이 나날이 늘어나면서 기증하는 책도 점점 늘어갔지. 이 성공이 알려지면서 작은 씨앗은 미국 전역으로 퍼져나가서 전국적으로 도서관 설립이 여기저기에서 일어났어. 프랭클린은 이 과정에서 공익사업에 눈뜨게 되고, 본격적으로 사회적 이익을 위해 노력하게 돼. 자연스럽게 정치가가 되었고, 많은 미국인들에게 도움을 주는 정책들을 만들었지.

공동체가 주는 깊은 위안감

이제 이 책이 거의 마무리되어 가는데, 어때? 갭이어에 한번 도전해 보고 싶다는 생각이 드니? 혼자서 잘해나갈 수 있을 것 같아? 해 보고 싶은 마음은 간절하지만 혼자서 이 모든 것을 해야 한다는 게 두려울지도 모르겠다. 그래, 혼자 다른 길을 걷는다는 건 무척 외롭고 힘든 일이야. 지금까지는 학교에서 정해 주는 시간표대로 따르기만 하면 되었지만, 이제부턴 시간을 스스로 관리해야 하니까.

이럴 때 비슷한 생각을 가진 친구들이 모여 서로 다독여주는 공동체가 있다면 얼마나 든든하겠어? 1장에서 소개한 대로 학교 밖에는 꿈틀리 인생학교나 꽃다운 친구들 같은 다양한 형태의 갭이어 공동체들이 있어. 함께 숙식하는 곳도 있고, 일주일에 두 번만 만나는 곳도 있는데, 공통점은 갭이어를 하기로 결정한 친구들이 모인다는 점이야. 오지가 방황을 딛고 일어설 수 있었던 것은 함께하는 친구들의 도움 덕분이었어. 오지 역시 다른 친구들에게 깊은 영향을 주었고.

학교 형태가 아니더라도 홈스쿨러들의 커뮤니티도 있고,

특정 교회가 주축이 되어 운영되는 학교 밖 청소년들의 모임도 있어. 만약 관심사가 뚜렷하다면 네이버 카페 같은 동호회에서 운영하는 관심 분야의 모임에 나가도 좋을 거야.

서로를 존중하고 관심사를 공유하는 공동체를 만나는 건 큰 위안인 동시에 든든한 버팀목이 돼. 그곳에서 평생 사귈 친구를 만나기도 하고 말이야. 공동체는 개성은 각기 다르지만 비슷한 가치관을 가진 사람들이 모인다는 점에서 특별해. 삼촌 역시 구본형 선생님이 운영하신 '구본형 변화경영연구소'라는 곳에서 여러 사람들을 만나 함께 토론했고, 그들은 지금까지 10년 넘게 일상을 나누는 가까운 사이가 되었어. 그 중 홍승완이라는 작가와는 벌써 3권의 책을 함께 쓰기도 했지. 삼촌보다 두 살 형인데, 삼촌이 고민이 있을 때 제일 먼저 연락하는 사람이야. 좋은 커뮤니티는 관심사에 대한 정보를 나누는 것을 넘어서, 인생을 살아가는 지혜를 나눠. 토론을 통해 각자의 경험을 이야기하는 가운데 서로에게 조언을 아끼지 않지. 학교 친구들과는 다른 관계 속에서 새로운 나를 발견하기도 하고.

그리고 공동체 안에서는 사람들과 함께 아이디어를 '실험'해 볼 수도 있어. 프랭클린이 준토에서 '공동 서고' 프로젝트를

실험한 것처럼 말이야. 이렇게 혼자서는 하기 힘든 일들을 커뮤니티 안에서 함께 시도해 볼 수 있고, 설령 실패하더라도 서로 응원하며 다시 새롭게 시작해 볼 수도 있어. 혼자 하면 빨리 갈 수는 있지만, 이내 지치고 말지. 함께하면 멀리 갈 수 있어.

관심 있는 분야의 공동체를 찾아서 1년간 그들과 함께 이런저런 실험을 해 보면 어떨까? 카페에 관심이 있다면 '카페 탐험대'를 결성해서 전국의 유명 카페들을 돌아다니면서 나만의 카페를 설계해 볼 수도 있을 거야. 콘텐츠 크리에이팅에 관심이 있다면 '나는 유튜버다' 같은 온라인 커뮤니티에서 청소년들을 모집해 함께 채널을 만들 수도 있고. 모든 위대한 창조물들의 비밀은 '보이지 않은 협력'을 통해 만들어졌다는 걸 잊지 마. 크고 작은 생각들이 연결되고 모아지는 가운데 신박한 아이디어들이 탄생해. 그리고 좋은 공동체는 아이디어를 모아 증폭시키는 역할을 하고. 기억하렴, '우리'는 '나'보다 똑똑하다는걸.

공동체의 핵심, 다양성과 토론

한 페인트 회사에서 회의 중에 누군가 이런 질문을 했어.

"만약 페인트에 화약을 넣으면 어떻게 될까?"

사람들은 당황했지만, 동료의 이야기를 끝까지 들어 주었어.

"자네들도 알겠지만, 페인트를 칠하고 5년쯤 지나면 페인트가 부스러지고 갈라지는데 그걸 없애려면 얼마나 어려워? 만약 페인트에 화약을 섞는다면 제거할 때 거기에 불을 붙이기만 하면 되지 않나?"

몇몇 사람들이 곤란한 표정을 지었어. 화재나 폭발이 일어날 수 있는 위험한 발상이었으니까. 그때, 한 동료가 말했어.

"그래, 이 친구 말이 일리가 있어. 우리는 지금까지 페인트를 칠하는 것만 생각했지 제거하는 건 생각을 못 했잖아. 오래된 페인트를 제거하는 다른 방법이 더 있지 않을까?"

그러자 여러 사람들이 일제히 아이디어를 냈어. 그 중에 특정 용액에 쉽게 녹는 물질을 페인트에 첨가해서 오래되면 그 용액을 뿌려서 녹아내리게 하자는 의견이 만장일치로 채택되었어. 그 회사는 새로운 아이디어가 담긴 제품을 생산해서 막대한 수익을 얻었지. 페인트에 화약을 넣자는 다소 황당한 아이디어를 '디딤돌' 삼아서 훌륭한 아이디어로 바꾼 거야.

이 이야기의 핵심은, 말도 안 되는 의견을 낸 동료를 비난

하지 않았다는 거야. 물론 많은 사람이 속으로는 이렇게 생각겠지. '뭐? 화약을 넣자고? 미친 거 아냐? 불이라도 나면 어쩌려고 그래?' 그런데 동료들은 누구도 즉시 비판하지 않았고, 오히려 그 생각이 가진 새로운 관점을 보았어. 이거야말로 공동체의 중요한 전제야. 오지가 꿈틀리의 '민주시민 교육'에서 다른 친구들의 생각을 들으면서 자신의 고정관념을 깬 것처럼, 좋은 공동체는 건강한 토론을 통해 사람들의 생각을 변화시키지.

그러니까 공동체가 건강한지 아닌지는 두 가지를 보면 돼. 첫 번째는 다양성이야. 아무리 황당한 의견이나 괴짜 같은 사람도 포용해 주는지를 봐야 해. 두 번째는 토론이지. 여러 가지 의견을 잘 조율해서 완전히 새로운 아이디어를 찾는 건설적인 토의 문화를 가지고 있는지 점검해야 해. 지나치게 비판적인 곳은 피하는 게 좋아. '그건 현실적이지 않아', '예전에도 해봤는데 안 되더라'는 식의 비판은 '공동 실험'을 시작조차 하지 못하게 만들기 때문에 치명적이지.

실제로 사람들은 지지해 주기보다는 지적하기를 좋아해. 비판이 자기를 더 똑똑하게 보이게 한다고 믿는 사람도 있어. 사실 비판하는 토론 문화는 입시 교육에 길들여진 탓이기도 해.

오지선다형 문제에서 우리는 1개의 정답을 위해 나머지 4개의 오답을 지우는 걸 훈련받아 왔으니까. 이렇게 '틀린 것을 제거해 나가는' 방식의 문제 풀이가 먼저 비판부터 하는 습관을 몸에 배게 한 거지. 공동체 내에서 제안보다 비판이 더 많을 때 사람들은 점점 침묵하고, 그러면 공동체는 활력을 잃게 돼.

또 다양성을 존중하지 않는 공동체도 위험해. 특정한 학교, 특정한 경험이 있는 사람만 받는다거나, 기존 멤버의 추천을 받아야만 들어갈 수 있는 곳이라면 피하는 게 좋아. 어떤 커뮤니티는 리더의 주장이 너무 강해서 다른 사람은 그의 의견을 듣고만 있는 경우도 많지. 이런 획일적인 곳들은 피해야 해. 그러려면 굳이 모여서 토론할 이유가 없어. 개성 있는 서로 다른 의견들이 만나 기발한 생각들을 펼쳐내기 위해서는 다양한 사람들이 모여야 해. 공동체를 선택할 때 중요한 기준은 다양성, 그리고 건설적인 토론이 가능한가야.

공동체를 직접 만들어 보자

마음에 드는 건강한 공동체를 찾기 힘들다면 스스로 커뮤니티를 만들어 보는 걸 추천해. 그러기 위해서 몇 가지를 생각해 보면 좋겠어.

첫째, 처음에는 소수로 시작하는 게 좋아. 사공이 많으면 배가 산으로 가거든. 규모가 커질수록 필요한 규칙이나 제도가 늘어나서 그걸 고민하느라 배보다 배꼽이 커지기도 해. 그래서 네이버 카페 같은 불특정 다수에게 열려 있는 온라인 커뮤니티를 만들기보다는, 처음엔 믿을 만한 친구들 몇 명이서 작은 모임으로 시작하는 게 좋아. 프랭클린이 몸담았던 준토 역시 회원 수를 12명으로 유지했어.

둘째, 가치관이 비슷한 사람들을 모아야 해. 그러려면 모임의 목적이 뚜렷해야 하고. 예를 들어 함께 책 읽는 모임을 만들고 싶다면 인문서 중심인지, 자기계발서 중심인지 등 초점을 분명히 해야 해. 왜냐하면 가치관에 따라 좋아하는 책이 많이 달라지거든. 서로 다른 가치관을 가진 사람들이 모여 토론을 통해 합일에 이르면 좋겠지만, 실제로 공동체를 운영하다 보면 사소한 것부터 부딪혀서 감정의 골이 깊어지는 경우가 많아. 그렇기에 가치관은 비슷한 사람, 그러나 다양한 개성을 지닌 사람을 모으는 것이 중요해.

셋째, 좋은 공동체는 회원들의 이익뿐만 아니라 공공의 이익에 도움이 되는 활동을 해. 그래야 사교 클럽 이상의 역할을 할 수 있지. 준토가 했던 것처럼 도서관을 짓는 거창한 일이 아니더라도 사소하게 사회에 공헌하는 방법은 많아. 가령, 독서 모임이라면 참가자들이 적은 독서 노트나 요약 노트를 인터넷에 공개하는 것만으로도 사람들에게 책을 읽고 싶다는 욕구를 일으키거나 바쁜 사람들이 책의 핵심을 이해하는 데 도움을 줄 수 있겠지. 또는 형편이 어려운 아이들을 초대해서 책을 설명해 주고 공부를 도와주는 봉사를 해도 좋을 거야. 공공의 이익에 기여하지 못하는 공동체는 사람들을 하나로 모을 수 없고, 결국 오래가지 못해. 좋은 뜻이 사람들을 하나로 묶어 주지.

연대할 수 있다는 건, 삶을 바꾸는 강력한 힘이야. 단절된 한 사람의 힘은 약할지 모르지만, 함께 모여 만든 공동체는 엄청난 힘을 발휘해. 너만의 작은 공동체를 만들어 보렴!

행복한 갭이어를 위한 세 가지 마음가짐

이제 이야기를 마무리할 때가 되었구나. 지금까지 삼촌의 이야기를 들으면서 어떤 생각이 들었니? 언젠가 너도 갭이어를 한번 시도하게 될까? 물론 아직 시도할 엄두가 나지 않을 수도 있어. 괜찮아. 모든 청소년이 해야 하는 것은 아니야. 정규 교육을 따라가면서도 자신만의 확실한 방향성을 찾는 친구들도 실제로 많고.

그렇다고 지금 당장 '난 갭이어는 죽었다 깨어나도 못해'라고 단정하지는 마. 갭이어는 인생의 어느 시기이든 한 번쯤은 꼭 필요한 때가 있게 마련이니까. 나중에라도 갭이어를 하게 된다면 어떤 활동들을 해 보고 싶니? 좋아하는 작가의 책을 원 없이 읽거나 눈물 콧물을 쏙 빼는 글을 써 보겠니? 혼자서 훌쩍 여행을 떠나거나 취미 활동에 전념해 보는 건 어때? 존경할 만한 스승을 만나 곁에서 배우거나 공동체를 통해 무언가를 이뤄나갈 수도 있을 거야.

물론 삼촌이 소개한 여섯 가지의 활동들 이외에도 할 수 있는 것들은 많아. 종교 활동을 깊이 해 볼 수도 있고, 농사를 지어 볼 수도 있어. 심리 상담을 받거나 운동에 매진할 수도 있지. 무엇이든 내가 원하는 것을 원 없이 해 보렴. 그게 가장 중요해.

사실, 무엇을 할 것인가 만큼이나 어떤 마음가짐으로 갭이어를 보낼 것인가도 참 중요해. 숙제를 해치우거나 시험을 준비하듯이 의무감으로 그 시간을 보내는 것만큼 어리석은 건 없어. 마음을 풀어놓되 자신에게 충실한 하루를 보내야 해. 삼촌은 세 가지 마음을 강조하고 싶어. 실험 정신, 규칙적인 생활, 그리고 대담한 목표. 자칫 잔소리처럼 들릴 수 있으니까 짧게 말할게.

첫 번째로, 실험 정신이 필요해. 앞에서도 말했지만 갭이어는 시추를 하는 과정과 비슷해. 이곳저곳 부담 없이 찔러보다가 신호가 오면 본격적으로 깊이 파내려가는 과정. 그러려면 '실패는 없다. 실험이 있을 뿐이다'라는 생각을 갖는 게 중요해. 관심 가는 것이 무엇이든 두려워하지 말고 일단 저질러보고 시행착오를 겪는 거지. 위대한 인물들은 시행착오를 능력 부족으로 보지 않고 학습으로 보았어. 천 번이 넘는 실험 끝에 전구를 발명한 토머스 에디슨(Thomas Alva Edison)이 "나는 천 번을 실패한 게 아니라 전구를 발명할 수 없는 천 가지 방법을 배운 것"이라고 말한 이유야. 원래 실험의 태반은 성공하지 못해. 그럼에도 불구하고 실패에서 하나씩 배우면서 계속 시도하는 거야.

내가 누구인지 알아가는 것도 이와 비슷해. '나'를 안다는 건 '나답지 않은 것'이 무엇인지 알아내서 덜어내고 없애는 과정이야. 내가 진짜 원하는 것은 알기 어렵지만, 내가 원하지 않는 것은 제법 쉽게 알 수 있으니까. 갭이어 동안에 하나씩 시도해 보며 '아 이건 내가 그렇게 좋아하지 않는구나', '이건 생각보다 재밌네'를 느끼면서 더듬더듬 나아가는 실험을 반복해야 해.

두 번째로, 하루를 규칙적으로 보내야 해. 앞에서는 '갭이어를 의무감에 하지 마라'라고 해놓고 다시 규칙적으로 생활하라고 하니까 당황스럽지? 오해하지 마. 아침에 일찍 일어나라거나, 운동을 1시간씩 하라는 이야기가 아니니까. 다만, 정해진 시간에 일어나서 비슷한 루틴으로 하루를 보내라는 말이야. 자칫 한없이 게을러지다보면 나중에 자괴감에 빠지게 돼. 이건 삼촌도 해본 경험이야. 회사를 그만두고 1년을 쉰 적이 있는데, 그때 '눈이 떠질 때까지 자자'는 게 목표였어. 그런데 잠드는 시간이 자꾸 뒤로 밀리는 거야. 나중에는 해 뜰 때 잠들어서 오후 3~4시쯤 일어나게 되었지. 좋을 것 같니? 삼촌은 그때 알 수 없는 우울감 때문에 정신과 상담까지 받았단다. 의사가 "매일 같은 시간에 일어나서 일단 집 밖을 나가라"고 하더라고. 그래서 아침 10시쯤 일어나서 삼촌이 제일 좋아하는 장소인 도서관으로 갔지. 그랬더니 우울 증세가 사라졌어.

갭이어 동안에 일상이 무너지지 않도록 경계해야 해. 비교하지 않으려고 해도 괜스레 학교에서 바쁘게 보내는 친구들이 신경 쓰이고, 마음이 조급해지지. 그런 불안한 시기에 거듭되는 게으름은 방탕함으로 이어질 수 있어. 자신이 한심하게 느껴져서 자책하기 시작하면 금세 포기하게 되지. 하루가 무너지지 않도록 단단한 기둥을 세워야 해. 기둥은 두 가지야. 하나는 자고 일어나는 시간이고, 다른 하나는 내가 좋아하는 일이야. 같은 시간에 일어나서 하고 싶은 일을 붙들 때 하루가 뿌듯해지지. 잘 짜인 하루가 안정감을 주고, 하고 싶은 일이 행복감에 젖게 하지.

마지막 세 번째로, 갭이어를 끝내고 학교에 돌아갈 때 보고 싶은 장면이 머릿속에 있어야 해. 조금 크고 대담한 목표 말이야. 네가 1년간 경험한 모든 것을 총동원하는 하나의 프로젝트를 수행해 보는 거지. 세계의 여러 신화 속 영웅들은 모험의 끝에 반드시 마지막 관문을 통과해야 했어. 그래야 비로소 자신이 처음 출발했던 그 장소로 돌아갈 수 있지. 삼촌이 연구한 40명의 현대판 영웅들도 똑같았어. 빅터 프랭클에게 마지막 관문은 강제 수용소의 경험을 책으로 출간하는 것이었고, 워런 버핏은 스승의 그늘을 떠나 자신의 투자조합을 설립하는 것이었지. 폴 고갱에게는 '종합주의'라 불리는 자신만의 화풍을 완성하는 것이었고. 프로젝트의 종류는 다 달랐지만 그들에겐 하나의 공통점이 있어. 바로, 지금까지 배운 모든 걸 쏟아 부어야 성공할 수 있는 '매우 대담한 목표'가 있었다는 거야.

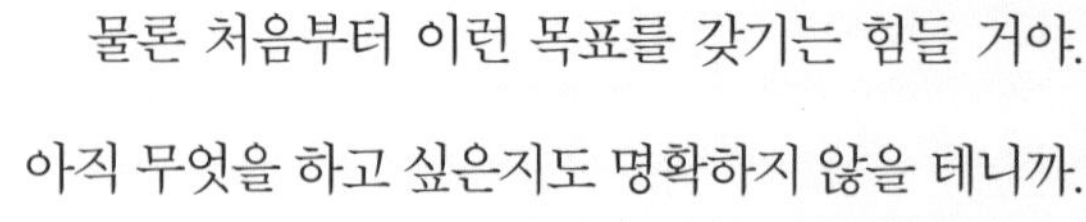

물론 처음부터 이런 목표를 갖기는 힘들 거야. 아직 무엇을 하고 싶은지도 명확하지 않을 테니까. 두세 달쯤 지나서 하고 싶은 게 명확해지면 그때 대담한 프로젝트를 기획해서 시도해 봐. 매주 1권씩 총 50권의 책 리뷰를 블로그에 올려도 좋고, 50페이지 자서전을 책으로 제본해서 부모님께 선물해도 좋겠지. 혼자서 한 달간 여행 다닌 영상을 유튜브에 올려도 좋고, 존경하는 스승의 평전을 집필해 봐도 좋아. 일단 생각해 봤을 때 '과연 할 수 있을까?'와 '그렇게만 된다면 너무 좋겠다!'가 반쯤 섞인 그런 마음이 드는 대담한 목표 하나를 가져 보는 거야. 그 목표가 너를 더욱 헌신하고 몰입하도록 도와 줄 거야.

이 세 가지 마음이면 즐겁게 1년을 보낼 수 있어. 아침에 일어나 제일 좋아하는 것을 실컷 하고, 매일 조금씩 다르게 시도해 보

고, 크고 대담한 목표를 향해 실컷 달려보는 한 해, 과연 어떨까? 1년 후 달라진 네 모습을 상상할 수 있겠니?

모두가 경주용 트랙에 서서 미친 듯이 앞만 보고 질주할 필요는 없어. 인생에는 여러 갈래의 길이 있으니까. 경주에 지쳤다면 트랙을 벗어나 네게 익숙한 속도로 잠시 걸어도 괜찮아. 뒤처진다는 두려움에 사로잡히지 않고 차분히 준비한다면 원하는 길이 보일 거야. 삼촌이 응원할게.

진로 쫌 아는 십대 01

갭이어 쫌 아는 10대

진로 탐색+나다움을 완성하는 1년 방학

초판 1쇄 발행 2021년 6월 21일
초판 2쇄 발행 2022년 2월 10일

지은이 박승오
그린이 하수정
펴낸이 홍석
이사 홍성우
인문편집팀장 박월
편집 박주혜
디자인 신병근
마케팅 이송희 · 한유리 · 이민재
관리 최우리 · 김정선 · 정원경 · 홍보람 · 조영행

펴낸곳 도서출판 풀빛
등록 1979년 3월 6일 제2021-000055호
주소 07547 서울시 강서구 양천로 583, 우림블루나인 A동 21층 2110호
전화 02-363-5995(영업), 02-364-0844(편집)
팩스 070-4275-0445
홈페이지 www.pulbit.co.kr
전자우편 inmun@pulbit.co.kr
사진자료 위키피디아

ISBN 979-11-6172-802-5 44190
ISBN 979-11-6172-794-3 44080(세트)

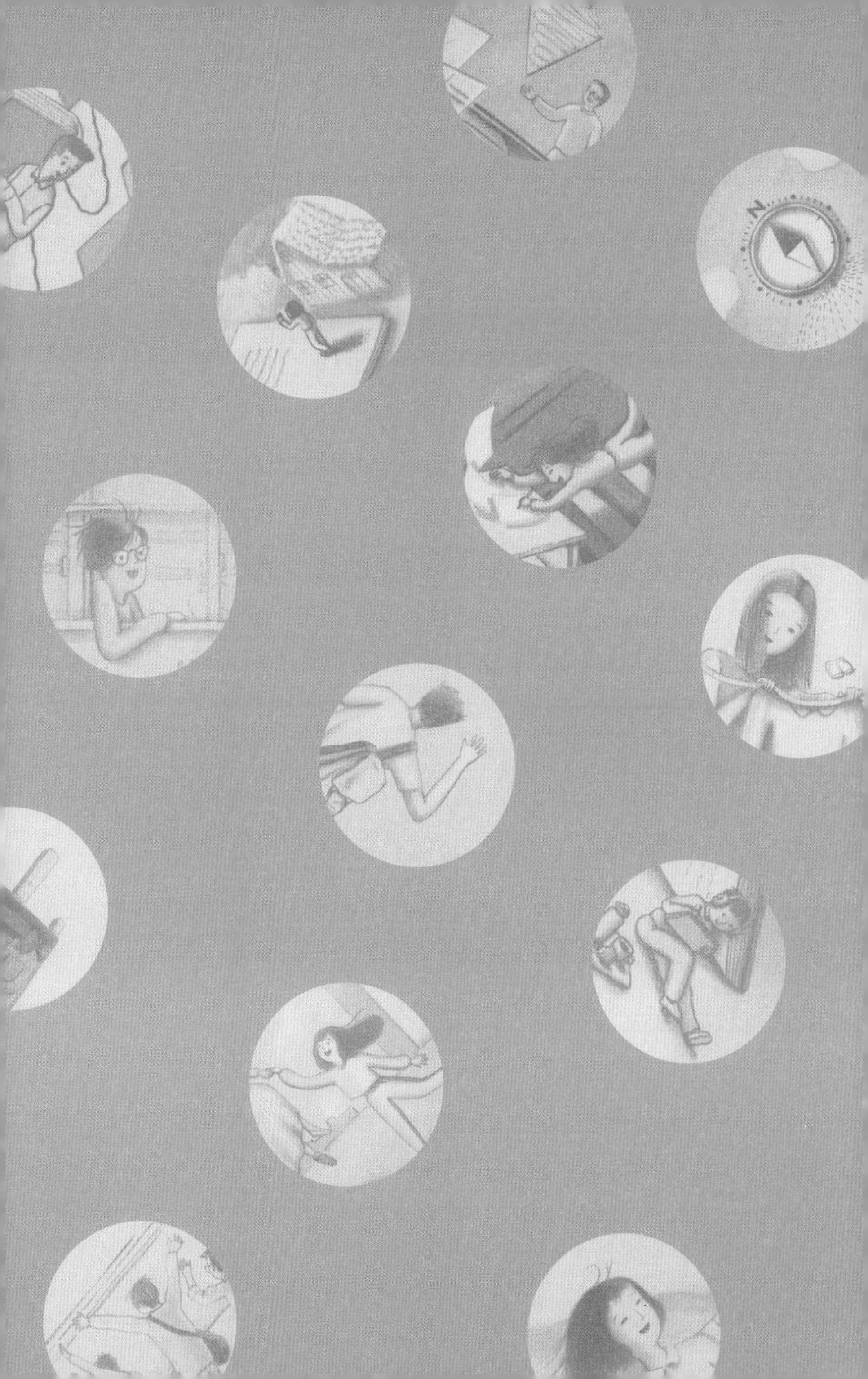

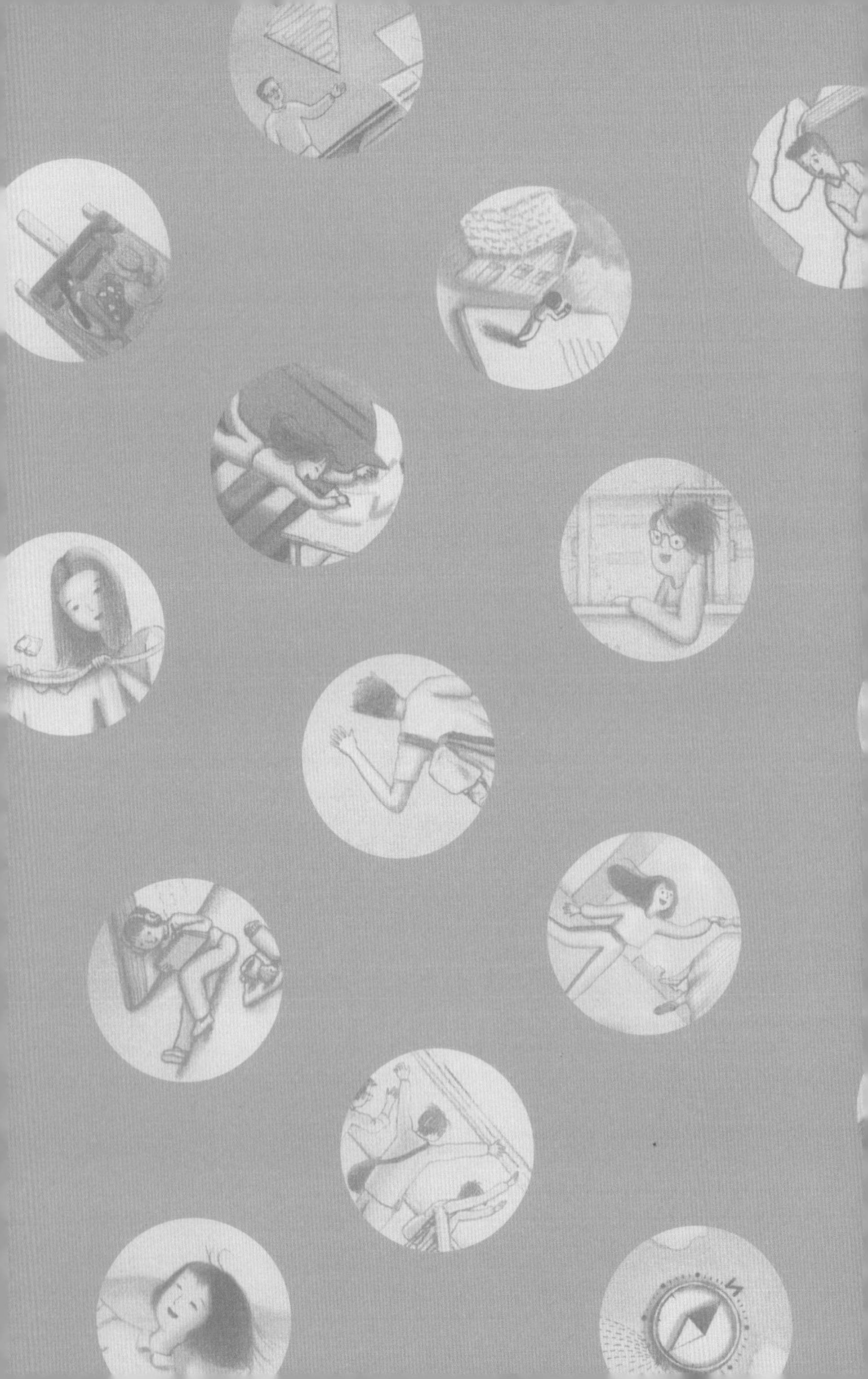